Schnuffeltücher und Kuscheltiere häkeln

Zum Liebhaben und Spielen ...

Carolina Guzman Benitez

Leopold Stocker Verlag

Graz – Stuttgart

Inhaltsverzeichnis

EINLEITUNG

Dieses Buch ist der Anfang einer wundervollen Geschichte über Freundschaft. Diese süßen Tierchen sind dazu bestimmt, fest in der Hand eines kleinen Kindes überallhin mitgenommen zu werden. Die 20 lustigen und bunten Häkeldesigns von Hund und Katze bis hin zu Zebra, Affe und Rentier werden zu hinreißenden Figuren werden, die Ihre Kleinen mit Sicherheit bei ihrer Reise durch die Kindheit begleiten werden, um all ihre Abenteuer mit ihnen zu teilen.

Wenn Sie Ihre Vorstellungskraft in Hinblick auf Farben, Garn, Gesichtsausdruck und Accessoires nutzen und aus den verschiedenen Deckenmustern in diesem Buch wählen, können Sie die Muster auf Dutzende Arten kombinieren, um Ihre ganz eigenen Versionen zu gestalten.

Diese Anleitungen werden über Jahre hinweg ausreichen. Sie können sie für kleinste Kinder verwenden, die es lieben, immer eine kleine Decke überallhin mitzunehmen, und für ältere Kinder, die gerne mit den lustigen Amigurumi-Stofftieren spielen. Diese Stofftiere und Schnuffeltücher eignen sich auch perfekt als Geschenk: Jeder hat bestimmt eine andere Lieblingsfigur!

MATERIAL UND AUSRÜSTUNG

Die meisten Stofftiere und Schnuffeltücher in diesem Buch wurden mit Kammgarn und einer 4 mm starken Häkelnadel gehäkelt. Wo eine größere Häkelnadel benötigt wird, wird dies im Muster angegeben. Ist keine Nadelgröße angegeben, verwenden Sie Ihre 4-mm-Nadel. Alle Decken wurden mit einer 5 mm starken Nadel gehäkelt. Ich empfehle Ihnen, weiches Garn zu verwenden, etwa Merinowolle.

Seien Sie vorsichtig, wenn Sie die Sicherheitsaugen anbringen, da Sie diese nicht mehr entfernen können, wenn Sie sie einmal gesichert haben. Wenn Sie die Kuscheltiere für Kleinkinder häkeln, empfehle ich Ihnen, die Augen stattdessen aufzusticken.

Für die meisten Kuschel-
tiere benötigen Sie die-
selbe unten aufgelistete
Ausrüstung:

- Häkelnadel (4 mm)
- Häkelnadel (5 mm)
- Maschenmarkierer
- Sticknadel
- Stofftierfüllung
- Amigurumi-Sicherheitsaugen
  (12 mm) – 2 pro Figur
- Schere

Sie können Reste ungewöhnlicher Garne für die
Kuscheltiere verhäkeln und durchaus andere Farben
verwenden, als in den Anleitungen angegeben.

Füllen Sie Ihre Spielsachen mit einer Füllung aus
Polyesterfasern, die ist günstig, waschbar und anti-
allergen. Vermeiden Sie ein zu starkes Füllen, da die
Maschen sich dehnen und die Füllung dann durch-
scheint.

WIE SIE DIESES BUCH VERWENDEN

WAS IST EIN SCHNUFFELTUCH?

Ein Schnuffeltuch ist eine kleine Kuscheldecke, die dafür gemacht wurde, um von einem kleinen Kind herumgetragen zu werden.

Dieses Buch enthält fünf Anleitungen für kleine Decken oder Schnuffeltücher und Anleitungen für 20 süße Figuren.

Sie können die Figuren alleinstehend häkeln oder die Anleitungen dazu verwenden, um ein Schnuffeltuch aus jeder Figur zu machen. Dafür müssen Sie nur die Teile für Kopf und Arme häkeln und können Körper, Beine und Schwanz – falls vorgesehen – weglassen.

Dann häkeln Sie eine Decke und bringen die Figur, den Anweisungen des Musters folgend, an der Decke an. Durch das Zusammennähen der beiden Teile können Sie eine süße Schmusedecke oder ein Schnuffeltuch gestalten, das Ihr Kleines gerne mit sich herumtragen wird!

Folgen Sie entweder den von uns vorgeschlagenen Anleitungen, in denen wir die Decken und die Figuren miteinander verbunden haben, oder kombinieren Sie sie so, wie Sie es wünschen. Sie können die Farben ändern oder die vorgeschlagene Decke gegen eine andere in dem Buch austauschen, um Ihre ganz eigenen, einzigartigen Spielsachen und Schnuffeltücher zu gestalten.

Lassen Sie Ihrer Kreativität freien Lauf, um so viel einzigartiges Spielzeug zu häkeln, wie Sie wollen!

SCHWIERIGKEITSGRAD

Die Granny-Decke ist die leichteste der fünf Decken und für Häkelneulinge geeignet. Die Muster für die Figuren sind alle mit dem Schwierigkeitsgrad „fortgeschritten" versehen – sie erfordern Maschenzählen und ein paar Fertigkeiten, die Sie vielleicht noch nicht gelernt haben, etwa das Aufhäkeln von Kettmaschen oder das Verwenden eines Fadenrings.

Wir haben diese Maschen am Ende des Buchs erklärt, damit Sie alles nachschlagen können, womit Sie nicht vertraut sind.

ANLEITUNGEN VERWENDEN

Jede Anleitung beinhaltet eine Tabelle, die Ihnen Auskunft darüber gibt, welche Körperteile erforderlich sind und wo Sie die Anleitungen dazu finden. Die meisten der Köpfe und Körper sind gleich wie Teddybär Theo. Für jeden Körperteil gibt es ein Diagramm, das die Anleitung begleitet, an das Sie sich halten können, wenn Sie lieber mit Diagrammen arbeiten.

Ich empfehle Ihnen, die Details an den Köpfen der Schnuffeltücher anzubringen, bevor Sie den Kopf fertigstellen.

HÄKELDIAGRAMME LESEN

Die Diagramme in diesem Buch sind in verschiedenen Farben gezeichnet, damit sie leichter zu lesen sind. Beginnen Sie in der Mitte des Diagramms, wo Sie den kleinen weißen Pfeil sehen. ◁

Folgen Sie jeder Runde gegen den Uhrzeigersinn, sodass Sie sich Ihren Weg aus der Mitte herausbahnen. Die in den Diagrammen verwendeten Symbole sind Standard-Häkelsymbole und sind am Ende des Buchs aufgelistet. Das Diagramm sollte Ihnen eine Vorstellung von der Form des Werkstücks geben, an dem Sie arbeiten, und kann gemeinsam mit der niedergeschriebenen Anleitung verwendet werden.

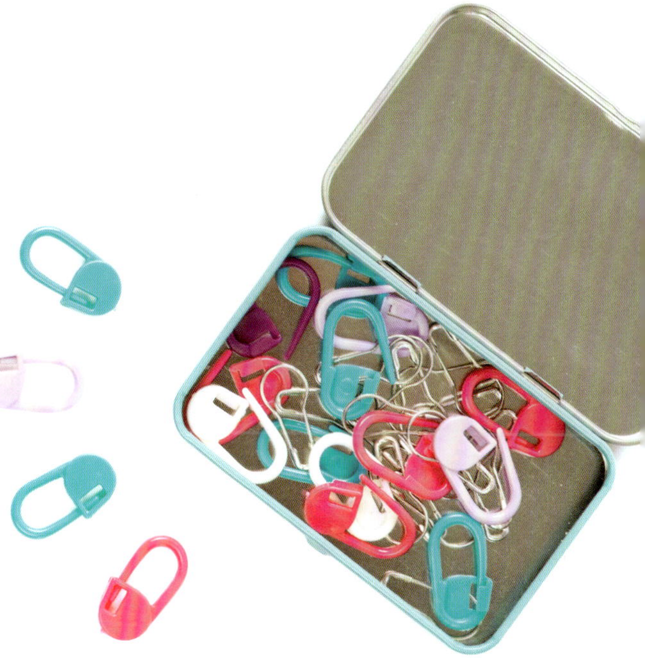

DIE DecKen

Granny-Decke

Schwierigkeitsgrad

Leicht

Sie benötigen

- Kammgarn in den Farben Ihrer Wahl
- Häkelnadel (5 mm)
- Sticknadel
- Schere

Verwendete Maschen

Lm, Stb, Km

Größe bei Fertigstellung

ca. 33 x 33 cm

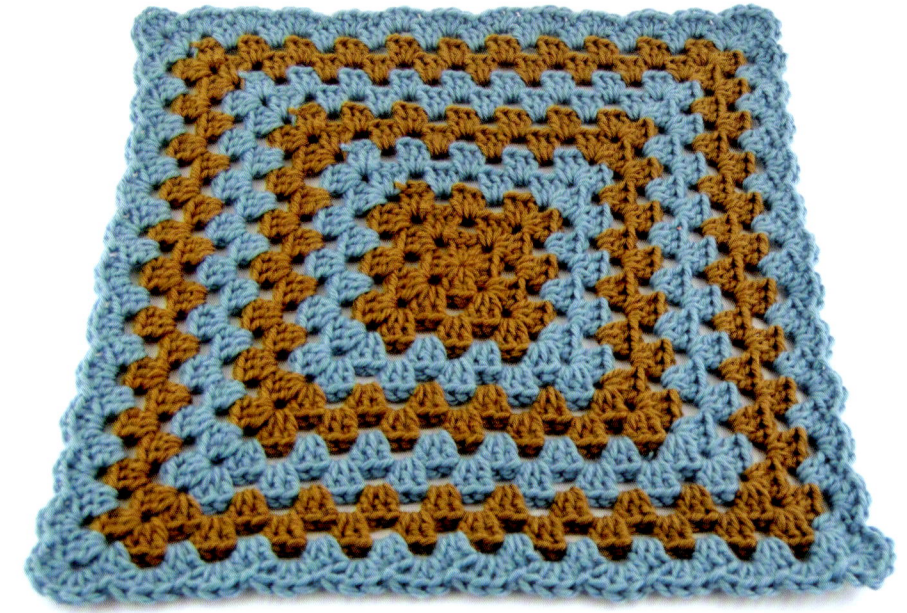

ANLEITUNG

Anfangsring: Mit der Häkelnadel in der Stärke 5 mm einen Fadenring machen.

Runde 1: 3 Lm (zählen als 1. Stb), dann in den Ring häkeln:, 2 Stb, 2 Lm, (3 Stb, 2 Lm) 3-mal. Die Rd mit 1 Km auf die 3 Anfangs-Lm schließen.

Runde 2: Je 1 Km in die nächsten 2 Stb, 1 Km in den nächsten Lm-Bg aus 2 Lm an der Ecke, 3 Lm (zählen als 1. Stb), (2 Stb, 2 Lm, 3 Stb) in denselben Lm-Bg, [1 Lm, (3 Stb, 2 Lm, 3 Stb) in den nächsten Lm-Bg aus 2 Lm an der Ecke] 3-mal, 1 Lm. Die Rd mit 1 Km auf die 3 Anfangs-Lm schließen.

Runde 3: Je 1 Km in die nächsten 2 Stb, 1 Km in den nächsten Lm-Bg aus 2 Lm an der Ecke, 3 Lm (zählen als 1. Stb), (2 Stb, 2 Lm, 3 Stb) in denselben Lm-Bg, [1 Lm, 3 Stb in den nächsten Lm-Bg, 1 Lm, (3 Stb, 2 Lm, 3 Stb) in den nächsten Lm-Bg an der Ecke] 3-mal, 1 Lm, 3 Stb in den nächsten Lm-Bg, 1 Lm. Die Rd mit 1 Km auf die 3 Anfangs-Lm schließen.

Runde 4: Je 1 Km in die nächsten 2 Stb, 1 Km in den nächsten Lm-Bg aus 2 Lm an der Ecke, 3 Lm (zählen als 1. Stb), (2 Stb, 2 Lm, 3 Stb) in denselben Lm-Bg, [(1 Lm, 3 Stb in den nächsten Lm-Bg) 2-mal, 1 Lm, (3 Stb, 2 Lm, 3 Stb) in den nächsten Lm-Bg an der Ecke] 3-mal, 1 Lm, (3 Stb in den nächsten Lm-Bg, 1 Lm) 2-mal. Die Rd mit 1 Km auf die 3 Anfangs-Lm schließen.

Runde 5: Je 1 Km in die nächsten 2 Stb, 1 Km in den nächsten Lm-Bg aus 2 Lm an der Ecke, 3 Lm (zählen als 1. Stb), (2 Stb, 2 Lm, 3 Stb) in denselben Lm-Bg, [(1 Lm, 3 Stb in den nächsten Lm-Bg) 3-mal, 1 Lm, (3 Stb, 2 Lm, 3 Stb) in den nächsten Lm-Bg an der Ecke] 3-mal, 1 Lm, (3 Stb in den nächsten Lm-Bg, 1 Lm) 3-mal. Die Rd mit 1 Km auf die 3 Anfangs-Lm schließen.

Runde 6: Je 1 Km in die nächsten 2 Stb, 1 Km in den nächsten Lm-Bg aus 2 Lm an der Ecke, 3 Lm (zählen als 1. Stb), (2 Stb, 2 Lm, 3 Stb) in denselben Lm-Bg, [(1 Lm, 3 Stb in den nächsten Lm-Bg) 4-mal, 1 Lm, (3 Stb, 2 Lm, 3 Stb) in den nächsten Lm-Bg an der Ecke] 3-mal, 1 Lm, (3 Stb in den nächsten Lm-Bg, 1 Lm) 4-mal. Die Rd mit 1 Km auf die 3 Anfangs-Lm schließen.

Runde 7: Je 1 Km in die nächsten 2 Stb, 1 Km in den nächsten Lm-Bg aus 2 Lm an der Ecke, 3 Lm (zählen als 1. Stb), (2 Stb, 2 Lm, 3 Stb) in denselben Lm-Bg, [(1 Lm, 3 Stb in den nächsten Lm-Bg) 5-mal, 1 Lm, (3 Stb, 2 Lm, 3 Stb) in den nächsten Lm-Bg an der Ecke] 3-mal, 1 Lm, (3 Stb in den nächsten Lm-Bg, 1 Lm) 5-mal. Die Rd mit 1 Km auf die 3 Anfangs-Lm schließen.

Runde 8: Je 1 Km in die nächsten 2 Stb, 1 Km in den nächsten Lm-Bg aus 2 Lm an der Ecke, 3 Lm (zählen als 1. Stb), (2 Stb, 2 Lm, 3 Stb) in denselben Lm-Bg, [(1 Lm, 3 Stb in den nächsten Lm-Bg) 6-mal, 1 Lm, (3 Stb, 2 Lm, 3 Stb) in den nächsten Lm-Bg an der Ecke] 3-mal, 1 Lm, (3 Stb in den nächsten Lm-Bg, 1 Lm) 6-mal. Die Rd mit 1 Km auf die 3 Anfangs-Lm schließen.

Runde 9: Je 1 Km in die nächsten 2 Stb, 1 Km in den nächsten Lm-Bg aus 2 Lm an der Ecke, 3 Lm (zählen als 1. Stb), (2 Stb, 2 Lm, 3 Stb) in denselben Lm-Bg, [(1 Lm, 3 Stb in den nächsten Lm-Bg) 7-mal, 1 Lm, (3 Stb, 2 Lm, 3 Stb) in den nächsten Lm-Bg an der Ecke] 3-mal, 1 Lm, (3 Stb in den nächsten Lm-Bg, 1 Lm) 7-mal. Die Rd mit 1 Km auf die 3 Anfangs-Lm schließen.

Runde 10: Je 1 Km in die nächsten 2 Stb, 1 Km in den nächsten Lm-Bg aus 2 Lm an der Ecke, 3 Lm (zählen als 1. Stb), (2 Stb, 2 Lm, 3 Stb) in denselben Lm-Bg, [(1 Lm, 3 Stb in den nächsten Lm-Bg) 8-mal, 1 Lm, (3 Stb, 2 Lm, 3 Stb) in den nächsten Lm-Bg an der Ecke] 3-mal, 1 Lm, (3 Stb in den nächsten Lm-Bg, 1 Lm) 8-mal. Die Rd mit 1 Km auf die 3 Anfangs-Lm schließen.

Runde 11: Je 1 Km in die nächsten 2 Stb, 1 Km in den nächsten Lm-Bg aus 2 Lm an der Ecke, 3 Lm (zählen als 1. Stb), (2 Stb, 2 Lm, 3 Stb) in denselben Lm-Bg, [(1 Lm, 3 Stb in den nächsten Lm-Bg) 9-mal, 1 Lm, (3 Stb, 2 Lm, 3 Stb) in den nächsten Lm-Bg an der Ecke] 3-mal, 1 Lm, (3 Stb in den nächsten Lm-Bg, 1 Lm) 9-mal. Die Rd mit 1 Km auf die 3 Anfangs-Lm schließen.

Runde 12: Je 1 Km in die nächsten 2 Stb, 1 Km in den nächsten Lm-Bg aus 2 Lm an der Ecke, 3 Lm (zählen als 1. Stb), (2 Stb, 2 Lm, 3 Stb) in denselben Lm-Bg, [(1 Lm, 3 Stb in den nächsten Lm-Bg) 10-mal, 1 Lm, (3 Stb, 2 Lm, 3 Stb) in den nächsten Lm-Bg an der Ecke] 3-mal, 1 Lm, (3 Stb in den nächsten Lm-Bg, 1 Lm) 10-mal. Die Rd mit 1 Km auf die 3 Anfangs-Lm schließen.

Runde 13: Je 1 Km in die nächsten 2 Stb, 1 Km in den nächsten Lm-Bg aus 2 Lm an der Ecke, 3 Lm (zählen als 1. Stb), 5 Stb, die nächste M ausl, 1 Km in die nächste M, die nächste M ausl, [(3 Stb in den nächsten Lm-Bg, die nächste M ausl, 1 Km in die nächste M, die nächste M ausl) 11-mal, 6 Stb in den nächsten Lm-Bg an der Ecke, die nächste M ausl, 1 Km in die nächste M, die nächste M ausl] 3-mal, (3 Stb in den nächsten Lm-Bg, die nächste M ausl, 1 Km in die nächste M, die nächste M ausl) 10-mal. Die Rd mit 1 Km auf die 3 Anfangs-Lm schließen.

Das Garn befestigen.

Anmerkung: Wenn Sie bei dieser Decke die Farbe wechseln wollen, sollten Sie dies im ersten Lm-Bg aus 2 Lm erledigen.

GRANNY-DECKE
ERSTE RUNDEN

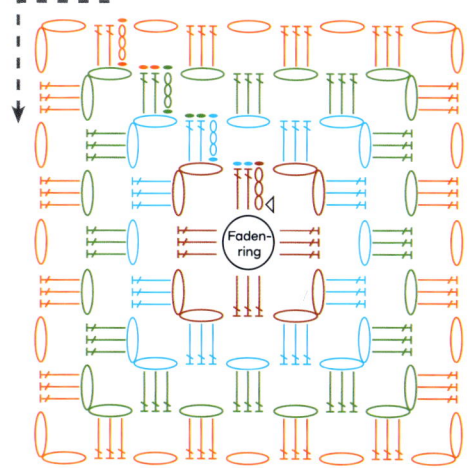

GRANNY-DECKE
LETZTE RUNDE

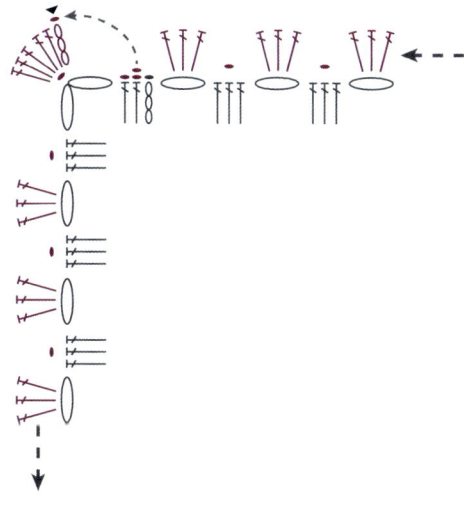

SPitzendecke

Schwierigkeitsgrad
Fortgeschritten

Sie benötigen
- Kammgarn in den Farben Ihrer Wahl
- Häkelnadel (5 mm)
- Maschenmarkierer
- Sticknadel
- Schere

Verwendete Maschen
Lm, Stb, Km, Krebsmasche

Größe bei Fertigstellung
ca. 40 x 40 cm

ANLEITUNG

Anfangsring: Mit der Häkelnadel in der Stärke 5 mm einen Fadenring machen.

Runde 1: 3 Lm (zählen als 1. Stb), 9 Stb in den Ring häkeln. Die Rd mit 1 Km auf die 3 Anfangs-Lm schließen. (10 M)

Runde 2: 3 Lm (zählen als 1. Stb), 1 Stb in dieselbe M, je 2 Stb in die nächsten 9 M. Die Rd mit 1 Km auf die 3 Anfangs-Lm schließen. (20 M)

Runde 3: 3 Lm (zählen als 1. Stb), 2 Stb in dieselbe M, die nächste M ausl, (3 Stb in die nächste M, die nächste M ausl) 9-mal. Die Rd mit 1 Km auf die 3 Anfangs-Lm schließen. (30 M)

Runde 4: Je 1 Km in die nächsten 2 M, 1 Km in den nächsten Zwischenraum, 3 Lm (zählen als 1. Stb), (1 Stb, 2 Lm, 2 Stb) in denselben Zwischenraum. [Die nächsten 3 M ausl, dann (2 Stb, 2 Lm, 2 Stb) in den nächsten Zwischenraum] 9-mal. Die Rd mit 1 Km auf die 3 Anfangs-Lm schließen. (40 M)

Runde 5: 1 Km in die nächste M, 3 Lm (zählen als 1. Stb), (2 Stb, 2 Lm, 2 Stb) in den nächsten Lm-Bg aus 2 Lm, 1 Stb in die nächste M. [Die nächsten 2 M ausl, 1 Stb in die nächste M, (2 Stb, 2 Lm, 2 Stb) in den nächsten Lm-Bg aus 2 Lm, 1 Stb in die nächste M] 9-mal. Die Rd mit 1 Km auf die 3 Anfangs-Lm schließen. (60 M)

Runde 6: 1 Km in die nächste M, 3 Lm (zählen als 1. Stb), 1 Stb in die nächste M, (1 Stb, 2 Lm, 1 Stb) in den nächsten Lm-Bg aus 2 Lm, je 1 Stb in die nächsten 2 M. [Die nächsten 2 M ausl, je 1 Stb in die nächsten 2 M, (1 Stb, 2 Lm, 1 Stb) in den nächsten Lm-Bg aus 2 Lm, je 1 Stb in die nächsten 2 M] 9-mal. Die Rd mit 1 Km auf die 3 Anfangs-Lm schließen. (60 M)

Runde 7: 1 Km in die nächste M, 3 Lm (zählen als 1. Stb), 1 Stb in die nächste M, (2 Stb, 2 Lm, 2 Stb) in den nächsten Lm-Bg aus 2 Lm, je 1 Stb in die nächsten 2 M. [Die nächsten 2 M ausl, je 1 Stb in die nächsten 2 M, (2 Stb, 2 Lm, 2 Stb) in den nächsten Lm-Bg aus 2 Lm, je 1 Stb in die nächsten 2 M] 9-mal. Die Rd mit 1 Km auf die 3 Anfangs-Lm schließen. (80 M)

Runde 8: 1 Km in die nächste M, 3 Lm (zählen als 1. Stb), je 1 Stb in die nächsten 2 M, (1 Stb, 2 Lm, 1 Stb) in den nächsten Lm-Bg aus 2 Lm, je 1 Stb in die nächsten 3 M. [Die nächsten 2 M ausl, je 1 Stb in die nächsten 3 M, (1 Stb, 2 Lm, 1 Stb) in den nächsten Lm-Bg aus 2 Lm, je 1 Stb in die nächsten 3 M] 9-mal. Die Rd mit 1 Km auf die 3 Anfangs-Lm schließen. (80 M)

Runde 9: 1 Km in die nächste M, 3 Lm (zählen als 1. Stb), je 1 Stb in die nächsten 2 M, (2 Stb, 2 Lm, 2 Stb) in den nächsten Lm-Bg aus 2 Lm, je 1 Stb in die nächsten 3 M. [Die nächsten 2 M ausl, je 1 Stb in die nächsten 3 M, (2 Stb, 2 Lm, 2 Stb) in den nächsten Lm-Bg aus 2 Lm, je 1 Stb in die nächsten 3 M] 9-mal. Die Rd mit 1 Km auf die 3 Anfangs-Lm schließen. (100 M)

Runde 10: 1 Km in die nächste M, 3 Lm (zählen als 1. Stb), je 1 Stb in die nächsten 3 M, (1 Stb, 2 Lm, 1 Stb) in den nächsten Lm-Bg aus 2 Lm, je 1 Stb in die nächsten 4 M. [Die nächsten 2 M ausl, je 1 Stb in die nächsten 4 M, (1 Stb, 2 Lm, 1 Stb) in den nächsten Lm-Bg aus 2 Lm, je 1 Stb in die nächsten 4 M] 9-mal. Die Rd mit 1 Km auf die 3 Anfangs-Lm schließen. (100 M)

Runde 11: 1 Km in die nächste M, 3 Lm (zählen als 1. Stb), je 1 Stb in die nächsten 3 M, (2 Stb, 2 Lm, 2 Stb) in den nächsten Lm-Bg aus 2 Lm, je 1 Stb in die nächsten 4 M. [Die nächsten 2 M ausl, je 1 Stb in die nächsten 4 M, (2 Stb, 2 Lm, 2 Stb) in den nächsten Lm-Bg aus 2 Lm, je 1 Stb in die nächsten 4 M] 9-mal. Die Rd mit 1 Km auf die 3 Anfangs-Lm schließen. (120 M)

Runde 12: 1 Km in die nächste M, 3 Lm (zählen als 1. Stb), je 1 Stb in die nächsten 4 M, (1 Stb, 2 Lm, 1 Stb) in den nächsten Lm-Bg aus 2 Lm, je 1 Stb in die nächsten 5 M. [Die nächsten 2 M ausl, je 1 Stb in die nächsten 5 M, (1 Stb, 2 Lm, 1 Stb) in den nächsten Lm-Bg aus 2 Lm, je 1 Stb in die nächsten 5 M] 9-mal. Die Rd mit 1 Km auf die 3 Anfangs-Lm schließen. (120 M)

Runde 13: 1 Km in die nächste M, 3 Lm (zählen als 1. Stb), je 1 Stb in die nächsten 4 M, (2 Stb, 2 Lm, 2 Stb) in den nächsten Lm-Bg aus 2 Lm, je 1 Stb in die nächsten 5 M. [Die nächsten 2 M ausl, je 1 Stb in die nächsten 5 M, (2 Stb, 2 Lm, 2 Stb) in den nächsten Lm-Bg aus 2 Lm, je 1 Stb in die nächsten 5 M] 9-mal. Die Rd mit 1 Km auf die 3 Anfangs-Lm schließen. (140 M)

Runde 14: 1 Km in die nächste M, 3 Lm (zählen als 1. Stb), je 1 Stb in die nächsten 5 M, (2 Stb, 2 Lm, 2 Stb) in den nächsten Lm-Bg aus 2 Lm, je 1 Stb in die nächsten 6 M. [Die nächsten 2 M ausl, je 1 Stb in die nächsten 6 M, (2 Stb, 2 Lm, 2 Stb) in den nächsten Lm-Bg aus 2 Lm, je 1 Stb in die nächsten 6 M] 9-mal. Die Rd mit 1 Km auf die 3 Anfangs-Lm schließen. (160 M)

Runde 15: Je 1 Krebsmasche in alle M und das Garn befestigen.

SPITZENDECKE
ERSTE RUNDEN

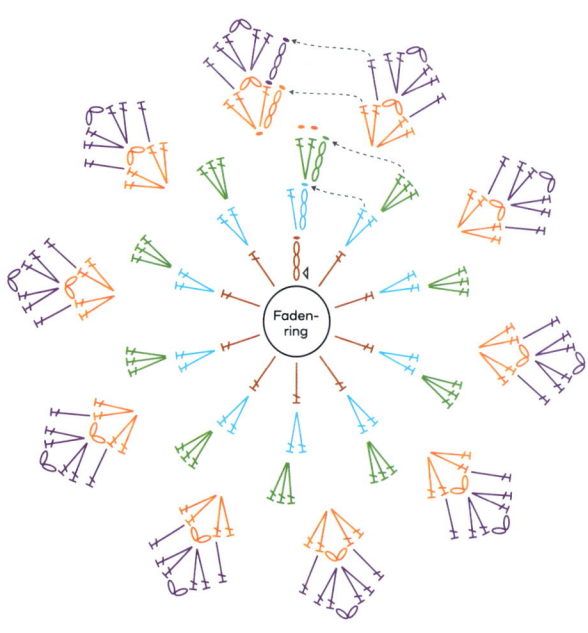

SPITZENDECKE
RUNDENVARIANTEN

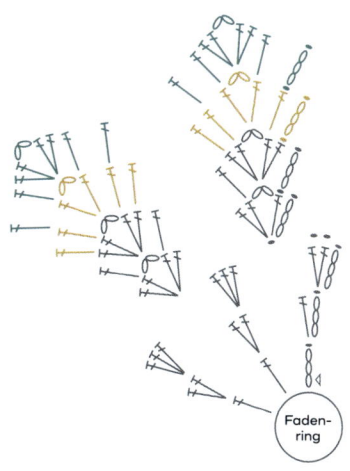

StrukturDecke

Schwierigkeitsgrad
Fortgeschritten

Sie benötigen
- Kammgarn in den Farben Ihrer Wahl
- Häkelnadel (5 mm)
- Maschenmarkierer
- Sticknadel
- Schere

Verwendete Maschen
Lm, fM, Stb, hStb, Km

Größe bei Fertigstellung
ca. 30 x 33 cm

MUSTER

Anfangsreihe: Mit der Häkelnadel in der Größe 5 mm 47 Lm häkeln.

Reihe 1: Mit der 6. Lm von der Nadel beginnen, je 1 Stb in die nächsten 2 M, 1 Stb in die 5. Lm von der Nadel, (die nächste Lm ausl, je 1 Stb in die nächsten 2 Stb, 1 Stb in die ausgelassene Lm) 13-mal, 1 Stb in die nächste Lm, 3 Lm, wenden. (43 M)

Reihe 2–20: (die nächste M ausl, je 1 Stb in die nächsten 2 M, 1 Stb in die ausgelassene M) 14-mal, 1 Stb auf die Wende-Lm, 3 Lm, wenden. (43 M)

Reihe 21: (Die nächste M ausl, je 1 Stb in die nächsten 2 M, 1 Stb in die ausgelassene M) 14-mal, 1 Stb auf die Wende-Lm. (43 M)

Sie häkeln nun hinunter entlang der linken Seite der Decke, indem Sie Ihre Nadel in die Zwischenräume zwischen den Maschen einstechen.

Runde 22: (1 fM in die nächste M, 1 Lm) 20-mal, (1 fM, 2 Lm, 1 fM) in den nächsten Zwischenraum an der Ecke.

Sie häkeln nun entlang der Lm-Kette vom Anfang der Decke.

Runde 22 (Fortsetzung): 1 Lm, die nächste M ausl, 1 fM in die nächste M, (1 Lm, die nächsten 2 Lm ausl, 1 fM in die nächste M) 13-mal, 1 Lm, die nächste M ausl, (1 fM, 2 Lm, 1 fM) in den nächsten Zwischenraum an der Ecke.

Häkeln Sie nun hinauf entlang der rechten Seite der Decke, indem Sie Ihre Nadel in die Zwischenräume zwischen den Maschen einstechen.

Runde 22 (Fortsetzung): 1 Lm, (1 fM in die nächste M, 1 Lm) 19-mal, (1 fM, 2 Lm, 1 fM) in den nächsten Zwischenraum an der Ecke.

Nun häkeln Sie entlang der Oberkante der Decke, indem Sie Ihre Nadel in die Zwischenräume zwischen den Maschen einstechen.

Runde 22 (Fortsetzung): 1 Lm, die nächste M ausl, 1 fM in die nächste M, (1 Lm, die nächsten 2 M ausl, 1 fM in die nächste M) 13-mal, 1 Lm, die nächste M ausl, (1 fM, 2 Lm) in den Lm-Bg an der Ecke, 1 Km in die 1. fM dieser Rd.

Runde 23: 2 Lm, (1 fM in den nächsten Lm-Bg, 1 Lm) 20-mal, (1 fM, 2 Lm, 1 fM) in den nächsten Lm-Bg aus 2 Lm an der Ecke, (1 Lm, 1 fM in den nächsten Lm-Bg) 15-mal, 1 Lm, (1 fM, 2 Lm, 1 fM) in den nächsten Lm-Bg aus 2 Lm an der Ecke, (1 Lm, 1 fM in den nächsten Lm-Bg) 20-mal, 1 Lm, (1 fM, 2 Lm, 1 fM) in den nächsten Lm-Bg aus 2 Lm an der Ecke, (1 Lm, 1 fM in den nächsten Lm-Bg) 15-mal, 1 Lm, (1 fM, 2 Lm, 1 fM) in den nächsten Lm-Bg aus 2 Lm an der Ecke. Die Rd mit 1 Km in den 1. Lm-Bg aus 2 Lm dieser Rd schließen.

Runde 24: 1 Lm, 1 fM in die ersten 2 Lm, 1 Lm, (1 fM in den nächsten Lm-Bg, 1 Lm) 20-mal, (1 fM, 2 Lm, 1 fM) in den nächsten Lm-Bg aus 2 Lm an der Ecke, (1 Lm, 1 fM in den nächsten Lm-Bg) 16-mal, 1 Lm, (1 fM, 2 Lm, 1 fM) in den nächsten Lm-Bg aus 2 Lm an der Ecke, (1 Lm, 1 fM in den nächsten Lm-Bg) 21-mal, 1 Lm, (1 fM, 2 Lm, 1 fM) in den nächsten Lm-Bg aus 2 Lm an der Ecke, (1 Lm, 1 fM in den nächsten Lm-Bg) 16-mal, 1 Lm, (1 fM, 2 Lm, 1 fM) in den nächsten Lm-Bg aus 2 Lm an der Ecke, 1 Lm. Die Rd. Mit 1 Km in die 1. fM dieser Rd. beenden.

Runde 25: (1 fM in die nächste fM, 4 hStb in die nächste fM) 10-mal, 1 fM in die nächste fM, 7 hStb in den nächsten Lm-Bg aus 2 Lm an der Ecke, die nächste fM ausl, (1 fM in die nächste fM, 4 hStb in die nächste fM) 8-mal, 1 fM in die nächste fM, 7 hStb in den nächsten Lm-Bg aus 2 Lm an der Ecke, die nächste fM ausl, (1 fM in die nächste fM, 4 hStb in die nächste fM) 10-mal, 1 fM in die nächste fM, 7 hStb in den nächsten Lm-Bg aus 2 Lm an der Ecke, die nächste fM ausl, (1 fM in die nächste fM, 4 hStb in die nächste fM) 8-mal, 1 fM in die nächste fM, 7 hStb in den nächsten Lm-Bg aus 2 Lm an der Ecke, 1 Km in die 1. fM dieser Rd.

STRUKTURDECKE
ERSTE REIHEN

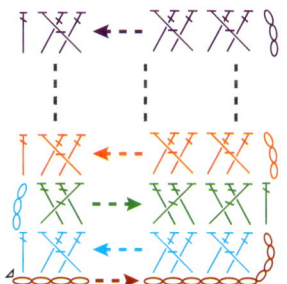

STRUKTURDECKE
LETZTE RUNDEN

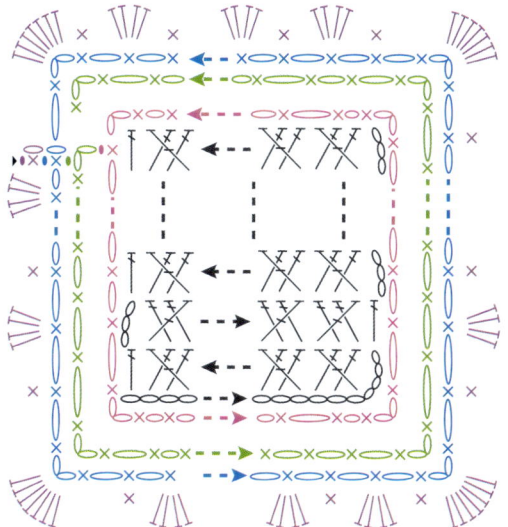

Runde Decke

Schwierigkeitsgrad
Fortgeschritten

Sie benötigen
- Kammgarn in den Farben Ihrer Wahl
- Häkelnadel (5 mm)
- Sticknadel
- Schere

Verwendete Maschen
Lm, V-Masche, Stb, fM, Km

Größe bei Fertigstellung
ca. 35 cm Durchmesser

ANLEITUNG

Anmerkung: Wenn Sie die 1. V-Masche einer Rd häkeln, müssen Sie das 1. Stb durch 3 Lm ersetzen.

Für eine V-Masche häkeln Sie (1 Stb, 1 Lm, 1 Stb) in dieselbe Masche.

Anfangsring: Mit der Häkelnadel in der Stärke 5 mm einen Fadenring machen.

Runde 1: 3 Lm (zählen als 1. Stb), 1 Lm, (1 Stb, 1 Lm) 11-mal in den Fadenring. Die Rd mit 1 Km auf die 3 Anfangs-Lm beenden. (12 Stb)

Runde 2: 1 Km in den nächsten Lm-Bg, 1 V-Masche in denselben Lm-Bg, je 1 V-Masche in jd Lm-Bg rundherum. Die Rd mit 1 Km auf die 3 Anfangs-Lm beenden. (24 Stb)

Runde 3: 1 Km in den nächsten Lm-Bg, 1 V-Masche in denselben Lm-Bg, 1 V-Masche zwischen die nächsten 2 Stb, 1 V-Masche in den nächsten Lm-Bg. (1 V-Masche in den nächsten Lm-Bg, 1 V-Masche zwischen die nächsten 2 Stb, 1 V-Masche in den nächsten Lm-Bg) 5-mal. Die Rd mit 1 Km auf die 3 Anfangs-Lm beenden. (36 Stb)

Runde 4: 1 Km in den nächsten Lm-Bg, 1 V-Masche in denselben Lm-Bg, je 1 V-Masche in jd Lm-Bg rundherum. Die Rd mit 1 Km auf die 3 Anfangs-Lm schließen. (36 Stb)

Runde 5: 1 Km in den nächsten Lm-Bg, 1 V-Masche in denselben Lm-Bg, 1 V-Masche zwischen die nächsten 2 Stb. (1 V-Masche in die nächsten 2 Lm-Bg, 1 V-Masche zwischen die nächsten 2 Stb) 8-mal, 1 V-Masche in den nächsten Lm-Bg. Die Rd mit 1 Km auf die 3 Anfangs-Lm schließen. (54 Stb)

Runde 6: 1 Km in den nächsten Lm-Bg, 1 V-Masche in denselben Lm-Bg, je 1 V-Masche in jd Lm-Bg rundherum. Die Rd mit 1 Km auf die 3 Anfangs-Lm schließen. (54 Stb)

Runde 7: 1 Km in den nächsten Lm-Bg, 1 V-Masche in denselben Lm-Bg, 1 V-Masche in den nächsten Lm-Bg, 1 V-Masche zwischen die nächsten 2 Stb, (je 1 V-Masche in die nächsten 3 Lm-Bg, 1 V-Masche zwischen die nächsten 2 Stb) 8-mal, 1 V-Masche in den nächsten Lm-Bg. Die Rd mit 1 Km auf die 3 Anfangs-Lm schließen. (72 Stb)

Runde 8: 1 Km in den nächsten Lm-Bg, 1 V-Masche in denselben Lm-Bg, je 1 V-Masche in jd Lm-Bg rundherum. Die Rd mit 1 Km auf die 3 Anfangs-Lm schließen. (72 Stb)

Runde 9: 1 Km in den nächsten Lm-Bg, 1 V-Masche in denselben Lm-Bg, 1 V-Masche in den nächsten Lm-Bg, 1 V-Masche zwischen die nächsten 2 Stb, (je 1 V-Masche in die nächsten 3 Lm-Bg, 1 V-Masche zwischen die nächsten 2 Stb) 11-mal, 1 V-Masche in den nächsten Lm-Bg. Die Rd mit 1 Km auf die 3 Anfangs-Lm schließen. (96 Stb)

Runde 10–12: 1 Km in den nächsten Lm-Bg, 1 V-Masche in dieselbe M, je 1 V-Masche in jd Lm-Bg rundherum. Die Rd mit 1 Km auf die 3 Anfangs-Lm schließen. (96 Stb)

Runde 13: 1 Km in den nächsten Lm-Bg, 3 Lm (zählen als 1. Stb), 6 Stb in denselben Lm-Bg, 1 fM in den nächsten Lm-Bg. (7 Stb in den nächsten Lm-Bg, 1 fM in den nächsten Lm-Bg) 23-mal. Die Rd mit 1 Km auf die 3 Anfangs-Lm schließen. (192 M)

RUNDE DECKE

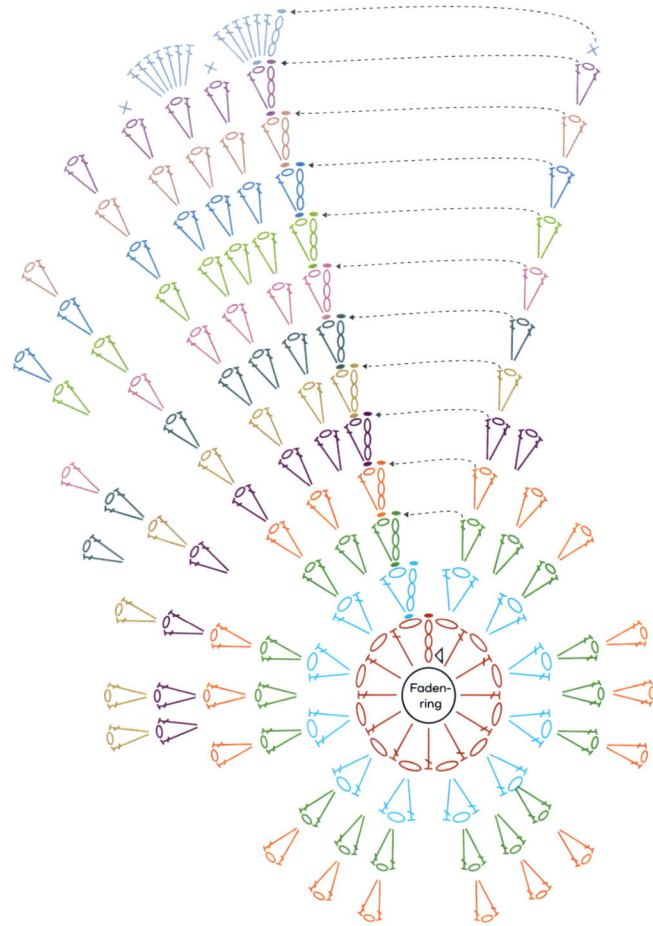

KaRodecke

Schwierigkeitsgrad

Fortgeschritten

Sie benötigen

- Kammgarn in den Farben Ihrer Wahl
- Häkelnadel (5 mm)
- Sticknadel
- Schere

Verwendete Maschen

Lm, fM, Stb, Km

Größe bei Fertigstellung

ca. 37 x 37 cm

ANLEITUNG

Anfangsrunde: Mit einer Häkelnadel der Stärke 5 mm einen Fadenring machen.

Runde 1: 3 Lm (zählen als 1. Stb), 2 Stb, (2 Lm, 3 Stb) 3-mal in den Ring häkeln, 2 Lm. Die Rd mit 1 Km auf die 3 Anfangs-Lm schließen. (12 Stb und 4 Lm-Bg)

Runde 2: Je 1 Km in die nächsten 2 M, 1 Km in den Lm-Bg an der Ecke, (1 Lm, 1 fM, 3 Lm, 1 fM) in denselben Lm-Bg, [(2 Lm, 1 fM, 3 Lm, 1 fM) in den nächsten Lm-Bg an der Ecke] 3-mal, 2 Lm. Die Rd mit 1 Km in die 1. fM schließen.

Runde 3: 1 Km in den nächsten Lm-Bg aus 3 Lm an der Ecke, 3 Lm (zählen als 1. Stb), (2 Stb, 2 Lm, 3 Stb) in denselben Lm-Bg, [3 Stb in den nächsten Lm-Bg aus 2 Lm, (3 Stb, 2 Lm, 3 Stb) in den nächsten Lm-Bg aus 3 Lm an der Ecke] 3-mal, 3 Stb in den nächsten Lm-Bg aus 2 Lm. Die Rd mit 1 Km auf die Anfangs-Lm beenden.

Runde 4: Je 1 Km in die nächsten 2 M, 1 Km in den nächsten Lm-Bg aus 2 Lm an der Ecke, 1 Lm, (1 fM, 3 Lm, 1 fM) in denselben Lm-Bg. [(2 Lm, 1 fM in den nächsten Zwischenraum aus Stb) 2-mal, 2 Lm, (1 fM, 3 Lm, 1 fM) in den nächsten Lm-Bg aus 2 Lm an der Ecke] 3-mal, (2 Lm, 1 fM in den nächsten Zwischenraum aus Stb) 2-mal, 2 Lm. Die Rd mit 1 Km in die 1. fM dieser Rd beenden.

Runde 5: 1 Km in den nächsten Lm-Bg aus 3 Lm an der Ecke, 3 Lm (zählen als 1. Stb), (2 Stb, 2 Lm, 3 Stb) in denselben Lm-Bg. [(3 Stb in den nächsten Lm-Bg aus 2 Lm) 3-mal, (3 Stb, 2 Lm, 3 Stb) in den nächsten Lm-Bg aus 3 Lm an der Ecke)] 3-mal, (3 Stb in den nächsten Lm-Bg aus 2 Lm) 3-mal. Die Rd mit 1 Km auf die Anfangs-Lm beenden.

Runde 6: Je 1 Km in die nächsten 2 M, 1 Km in den nächsten Lm-Bg aus 2 Lm an der Ecke, 1 Lm, (1 fM, 3 Lm, 1 fM) in denselben Lm-Bg, [(2 Lm, 1 fM in den nächsten Zwischenraum aus Stb) 4-mal, 2 Lm, (1 fM, 3 Lm, 1 fM) in den nächsten Lm-Bg aus 2 Lm an der Ecke)] 3-mal, (2 Lm, 1 fM in den nächsten Zwischenraum aus Stb) 4-mal, 2 Lm. Die Rd mit 1 Km in die 1. fM dieser Rd beenden.

Runde 7: 1 Km in den nächsten Lm-Bg aus 3 Lm an der Ecke, 3 Lm (zählen als 1. Stb), (2 Stb, 2 Lm, 3 Stb) in denselben Lm-Bg, [(3 Stb in den nächsten Lm-Bg aus 2 Lm) 5-mal, (3 Stb, 2 Lm, 3 Stb) in den nächsten Lm-Bg aus 3 Lm an der Ecke)] 3-mal, (3 Stb in den nächsten Lm-Bg aus 2 Lm) 5-mal. Die Rd mit 1 Km auf die Anfangs-Lm beenden.

Runde 8: Je 1 Km in die nächsten 2 M, 1 Km in den nächsten Lm-Bg aus 2 Lm an der Ecke, 1 Lm, (1 fM, 3 Lm, 1 fM) in denselben Lm-Bg aus 2 Lm, [(2 Lm, 1 fM in den nächsten Zwischenraum aus Stb) 6-mal, 2 Lm, (1 fM, 3 Lm, 1 fM) in den nächsten Lm-Bg aus 2 Lm an der Ecke)] 3-mal, (2 Lm, 1 fM in den nächsten Zwischenraum aus Stb) 6-mal, 2 Lm. Die Rd mit 1 Km in die 1. fM dieser Rd beenden.

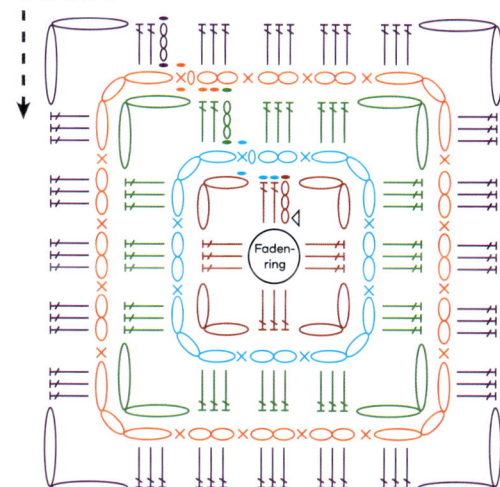

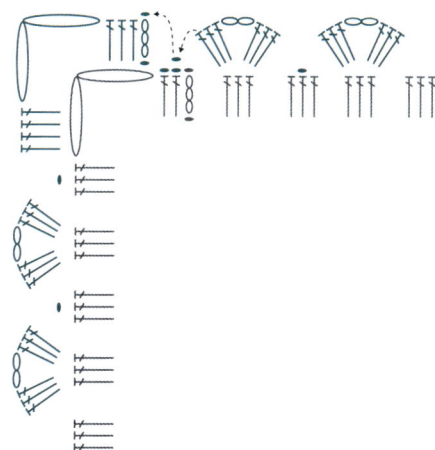

Runde 9: 1 Km in den nächsten Lm-Bg aus 3 Lm an der Ecke, 3 Lm (zählen als 1. Stb), (2 Stb, 2 Lm, 3 Stb) in denselben Lm-Bg, [(3 Stb in den nächsten Lm-Bg aus 2 Lm) 7-mal, (3 Stb, 2 Lm, 3 Stb) in den nächsten Lm-Bg aus 3 Lm an der Ecke)] 3-mal, (3 Stb in den nächsten Lm-Bg aus 2 Lm) 7-mal. Die Rd mit 1 Km auf die Anfangs-Lm beenden.

Runde 10: Je 1 Km in die nächsten 2 M, 1 Km in den nächsten Lm-Bg aus 2 Lm an der Ecke, 1 Lm, (1 fM, 3 Lm, 1 fM) in denselben Lm-Bg, [(2 Lm, 1 fM in den nächsten Zwischenraum aus Stb) 8-mal, 2 Lm, (1 fM, 3 Lm, 1 fM) in den nächsten Lm-Bg aus 2 Lm an der Ecke)] 3-mal, (2 Lm, 1 fM in den nächsten Zwischenraum aus Stb) 8-mal, 2 Lm. Die Rd mit 1 Km in die 1. fM dieser Rd beenden.

Runde 11: 1 Km in den nächsten Lm-Bg aus 3 Lm an der Ecke, 3 Lm (zählen als 1. Stb), (2 Stb, 2 Lm, 3 Stb) in denselben Lm-Bg, [(3 Stb in den nächsten Lm-Bg aus 2 Lm) 9-mal, (3 Stb, 2 Lm, 3 Stb) in den nächsten Lm-Bg aus 3 Lm an der Ecke)] 3-mal, (3 Stb in den nächsten Lm-Bg aus 2 Lm) 9-mal. Die Rd mit 1 Km auf die Anfangs-Lm beenden.

Runde 12: Je 1 Km in die nächsten 2 M, 1 Km in den nächsten Lm-Bg aus 2 Lm an der Ecke, 1 Lm, (1 fM, 3 Lm, 1 fM) in denselben Lm-Bg, [(2 Lm, 1 fM in den nächsten Zwischenraum aus Stb) 10-mal, 2 Lm, (1 fM, 3 Lm, 1 fM) in den nächsten Lm-Bg aus 2 Lm an der Ecke)] 3-mal, (2 Lm, 1 fM in den nächsten Zwischenraum aus Stb) 10-mal, 2 Lm. Die Rd mit 1 Km in die 1. fM dieser Rd beenden.

Runde 13: 1 Km in den nächsten Lm-Bg aus 3 Lm an der Ecke, 3 Lm (zählen als 1. Stb), (2 Stb, 2 Lm, 3 Stb) in denselben Lm-Bg, [(3 Stb in den nächsten Lm-Bg aus 2 Lm) 11-mal, (3 Stb, 2 Lm, 3 Stb) in den nächsten Lm-Bg aus 3 Lm in der Ecke)] 3-mal, (3 Stb in den nächsten Lm-Bg aus 2 Lm) 11-mal. Die Rd mit 1 Km auf die Anfangs-Lm beenden.

Runde 14: Je 1 Km in die nächsten 2 M, 1 Km in den nächsten Lm-Bg aus 2 Lm an der Ecke, 1 Lm, (1 fM, 3 Lm, 1 fM) in denselben Lm-Bg, [(2 Lm, 1 fM in den nächsten Zwischenraum aus Stb) 12-mal, 2 Lm, (1 fM, 3 Lm, 1 fM) in den nächsten Lm-Bg aus 2 Lm an der Ecke)] 3-mal, (2 Lm, 1 fM in den nächsten Zwischenraum aus Stb) 12-mal, 2 Lm. Die Rd mit 1 Km in die 1. fM dieser Rd beenden.

Runde 15: 1 Km in den nächsten Lm-Bg aus 3 Lm an der Ecke, 3 Lm (zählen als 1. Stb), (2 Stb, 2 Lm, 3 Stb) in denselben Lm-Bg, [(3 Stb in den nächsten Lm-Bg aus 2 Lm) 13-mal, (3 Stb, 2 Lm, 3 Stb) in den nächsten Lm-Bg aus 3 Lm in der Ecke)] 3-mal, (3 Stb in den nächsten Lm-Bg aus 2 Lm) 13-mal. Die Rd mit 1 Km auf die Anfangs-Lm beenden.

Runde 16: Je 1 Km in die nächsten 2 M, 1 Km in den nächsten Lm-Bg aus 2 Lm an der Ecke, 1 Lm, (1 fM, 3 Lm, 1 fM) in denselben Lm-Bg, [(2 Lm, 1 fM in den nächsten Zwischenraum aus Stb) 14-mal, 2 Lm, (1 fM, 3 Lm, 1 fM) in den nächsten Lm-Bg aus 2 Lm an der Ecke)] 3-mal, (2 Lm, 1 fM in den nächsten Zwischenraum aus Stb) 14-mal, 2 Lm. Die Rd mit 1 Km in die 1. fM schließen.

Runde 17: 1 Km in den nächsten Lm-Bg aus 3 Lm an der Ecke, 3 Lm (zählen als 1. Stb), (2 Stb, 2 Lm, 3 Stb) in denselben Lm-Bg, [(3 Stb in den nächsten Lm-Bg aus 2 Lm) 15-mal, (3 Stb, 2 Lm, 3 Stb) in den nächsten Lm-Bg aus 3 Lm in der Ecke)] 3-mal, (3 Stb in den nächsten Lm-Bg aus 2 Lm) 15-mal. Die Rd mit 1 Km auf die Anfangs-Lm beenden.

Runde 18: Je 1 Km in die nächsten 2 M, 1 Km in den nächsten Lm-Bg aus 2 Lm an der Ecke, 3 Lm (zählen als 1. Stb), (3 Stb, 2 Lm, 4 Stb) in denselben Lm-Bg. {Die nächste M ausl, 1 Km in die nächste M, [die nächsten 2 M ausl, (3 Stb, 2 Lm, 3 Stb) in die nächste M, die nächsten 2 M ausl, 1 Km in die nächste M] 8-mal, die nächste M ausl, (4 Stb, 2 Lm, 4 Stb) in den nächsten Lm-Bg aus 2 Lm an der Ecke} 3-mal. Die nächste M ausl, 1 Km in die nächste M, [die nächsten 2 M ausl, (3 Stb, 2 Lm, 3 Stb) in die nächste M, die nächsten 2 M ausl, 1 Km in die nächste M] 8-mal. Die Rd mit 1 Km auf die Anfangs-Lm beenden.

DIE KUSCHELTIERE

Teddybär
Theo

Schwierigkeitsgrad

Fortgeschritten

Sie benötigen

- Kammgarn: Braun, Dunkelbraun, Beige, Schwarz und Türkis
- Häkelnadel (4 mm)
- Maschenmarkierer
- Sticknadel
- Stofftierfüllung
- Amigurumi-Sicherheitsaugen (12 mm)
- Kleine bunte Knöpfe
- Schere

Verwendete Maschen

Lm, fM, Km, 2 fM zus häkeln, Km aufhäkeln

Größe bei Fertigstellung

Teddybär: ca. 25 cm hoch, Ohren mitgerechnet

Teddybärenschnuffeltuch: ca. 33 x 33 cm

LEITFADEN ZUM HÄKELN

MUSTER	TEDDYBÄR	TEDDYBÄREN-SCHNUFFELTUCH
Kopf	siehe Muster	siehe Muster
Körper	siehe Muster	–
Arm	siehe Muster	siehe Muster
Bein	siehe Muster	–
Ohr	siehe Muster	gleich wie für Teddybär
Schnauze	siehe Muster	gleich wie für Teddybär
Nase	siehe Muster	gleich wie für Teddybär

Alle Kekse sind verschwunden und
Theo fragt sich, wann es wohl
endlich Zeit fürs Abendessen ist.

ANLEITUNG FÜR DEN TEDDYBÄREN

Schnauze (beige)

Anfangsring: Einen Fadenring machen.

Runde 1: 6 fM in den Ring häkeln.

Runde 2: Je 2 fM in jd M. (12 M)

Runde 3: (1 fM in die nächste M, 2 fM in die nächste M) 6-mal. (18 M)

Runde 4: (Je 1 fM in die nächsten 2 M, 2 fM in die nächste M) 6-mal. (24 M)

Runde 5–6: Je 1 fM in jd M. (24 M)

Das Garn befestigen und einen langen Faden zum Zusammennähen stehenlassen.

Nase (dunkelbraun)

Anschlagsreihe: 4 Lm. Die Maschen werden entlang der beiden Seiten dieser Anschlagsreihe gehäkelt.

Runde 1: In der 2. Lm von der Nadel beginnen und je 1 fM in die nächsten 2 M, 3 fM in die letzte M. Auf der anderen Seite der Anschlagsreihe weiterarbeiten, 1 fM in die nächste M, 2 fM in die nächste M. (8 M)

Runde 2: 2 fM in die nächste M, 1 fM in die nächste M, je 2 fM in die nächsten 3 M, 1 fM in die nächste M, je 2 fM in die nächsten 2 M. (14 M)

Runde 3: Je 1 fM in jd M. (14 M)

Das Garn befestigen und einen langen Faden zum Zusammennähen stehenlassen.

Füllen Sie die Nase und nähen Sie sie zwischen Runde 3 und 6 an der Schnauze an. Häkeln Sie 3 Lm an der Unterseite der Nase und befestigen Sie sie mit Ihrer Sticknadel in der Mitte der Schnauze.

Ohren (2-mal in Braun häkeln)

Anfangsring: Einen Fadenring machen.

Runde 1: 6 fM in den Ring häkeln.

Runde 2: Je 2 fM in jd M häkeln. (12 M)

Runde 3: (1 fM in die nächste M, 2 fM in die nächste M) 6-mal. (18 M)

Runde 4: (1 fM in die nächsten 2 M, 2 fM in die nächste M) 6-mal. (24 M)

Runde 5–8: Je 1 fM in jd M. (24 M)

Die Ohren müssen nicht gefüllt werden. Drücken Sie sie flach und nähen Sie sie zu. Das Garn befestigen und einen langen Faden zum Zusammennähen stehenlassen.

Kopf (braun)

Anfangsring: Einen Fadenring machen.

Runde 1: 6 fM in den Ring häkeln.

Runde 2: Je 2 fM in jd M. (12 M)

Runde 3: (1 fM in die nächste M, 2 fM in die nächste M) 6-mal. (18 M)

Runde 4: (Je 1 fM in die nächsten 2 M, 2 fM in die nächste M) 6-mal. (24 M)

Runde 5: (Je 1 fM in die nächste M, 2 fM in die nächste M, je 1 fM in die nächsten 2 M) 6-mal. (30 M)

Runde 6: (Je 1 fM in die nächsten 4 M, 2 fM in die nächste M) 6-mal. (36 M)

Runde 7: (Je 1 fM in die nächsten 2 M, 2 fM in die nächste M, je 1 fM in die nächsten 3 M) 6-mal. (42 M)

Runde 8: (Je 1 fM in die nächsten 6 M, 2 fM in die nächste M) 6-mal. (48 M)

Runde 9: Je 1 fM in jd M. (48 M)

Runde 10: (1 fM in die nächsten 3 M, 2 fM in die nächste M, je 1 fM in die nächsten 4 M) 6-mal. (54 M)

Runde 11–16: Je 1 fM in jd M. (54 M)

Runde 17: (1 fM in die nächsten 3 M, 2 fM zus häkeln, je 1 fM in die nächsten 4 M) 6-mal. (48 M)

Runde 18: Je 1 fM in jd M. (48 M)

Runde 19: (Je 1 fM in die nächsten 6 M, 2 fM zus häkeln) 6-mal. (42 M)

Runde 20: Je 1 fM in jd M. (42 M)

Füllen Sie den Kopf mit Stofftierfüllung und fahren Sie während des Häkelns mit dem Füllen fort.

Runde 21: (Je 1 fM in die nächsten 2 M, 2 fM zus häkeln, je 1 fM in die nächsten 3 M) 6-mal. (36 M)

Runde 22: Je 1 fM in jd M. (36 M)

Runde 23: (Je 1 fM in die nächsten 4 M, 2 fM zus häkeln) 6-mal. (30 M)

Runde 24: Je 1 fM in jd M. (30 M)

Runde 25: (1 fM in die nächste M, 2 fM zus häkeln, je 1 fM in die nächsten 2 M) 6-mal. (24 M)

Runde 26: (Je 1 fM in die nächsten 2 M, 2 fM zus häkeln) 6-mal. (18 M)

Das Garn befestigen.

Zusammensetzen des Kopfes

Bringen Sie die Sicherheitsaugen zwischen Runde 14 und 15 an, sodass 1 M zwischen ihnen liegt.

Sticken Sie mit Ihrer Sticknadel und dem schwarzen Garn zwischen Runde 11 und 13 diagonal einen schwarzen Stich über jedes Auge, damit der Teddy einen lustigeren Gesichtsausdruck bekommt. Sticken Sie jeden Stich über etwa 3 Häkelmaschen.

Nähen Sie die Ohren zwischen Runde 4 und 13 am Kopf an. Bringen Sie sie gleichmäßig mit einem Abstand von 6 Maschen oben am Kopf an.

Füllen Sie die Schnauze und nähen Sie sie zwischen Runde 16 und 24 am Kopf an.

TEDDYBÄR
SCHNAUZE

TEDDYBÄR
NASE

TEDDYBÄR
OHR

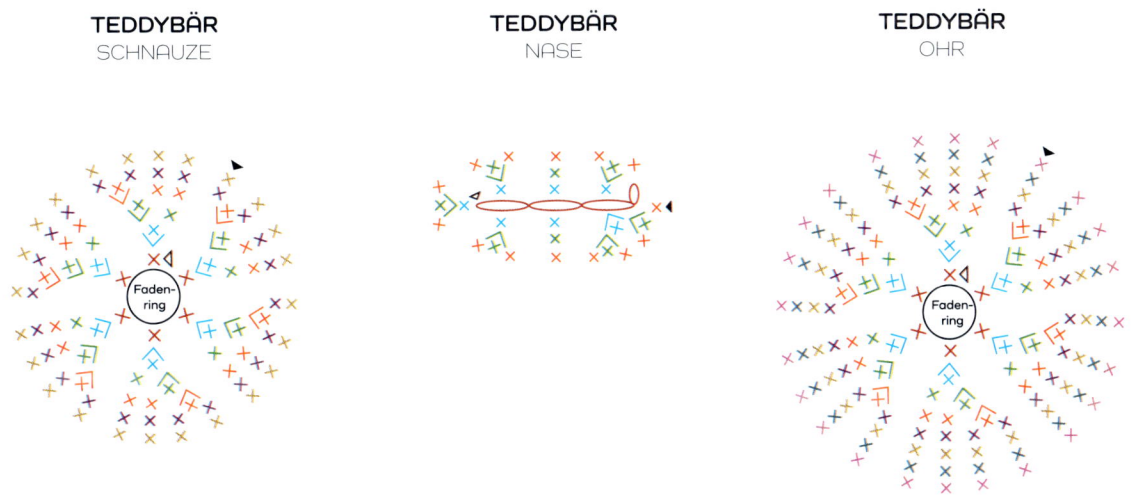

TEDDYBÄR
KOPF

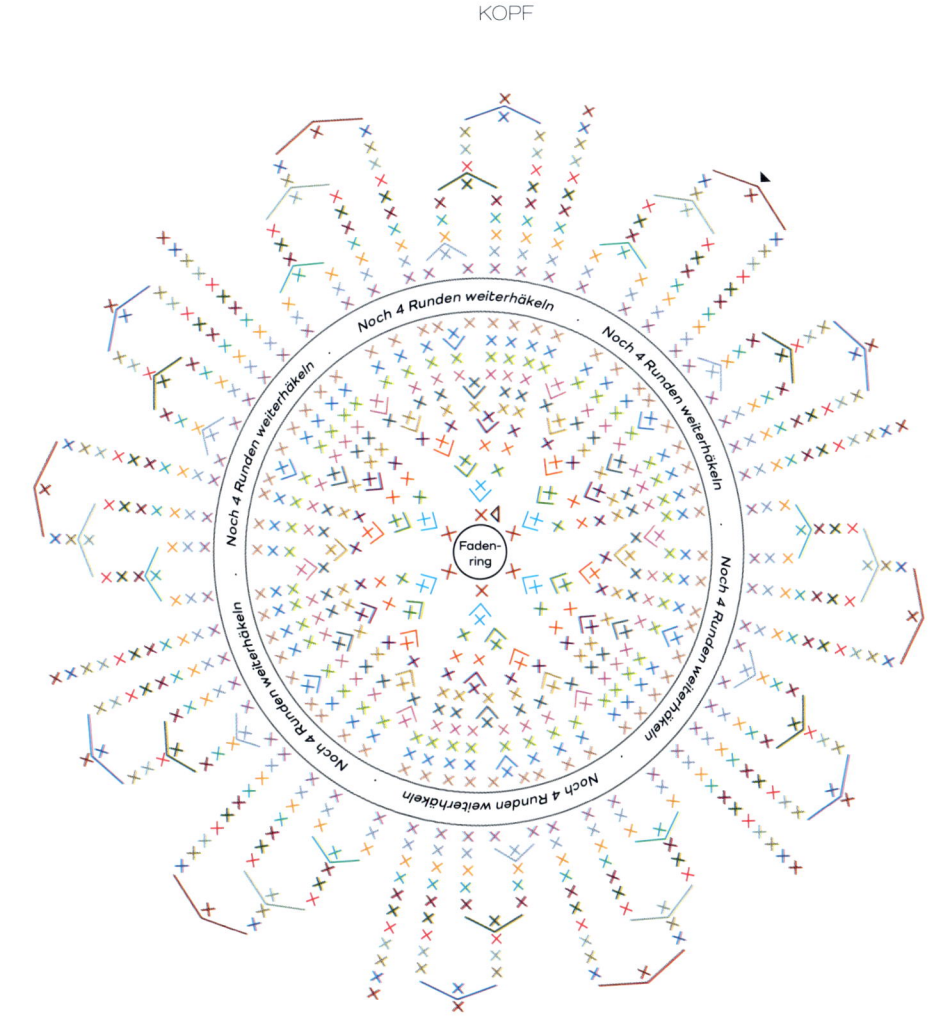

KöRPeR

Anfangsring: Mit dem braunen Garn einen Fadenring machen.

Runde 1: 6 fM in den Ring häkeln.

Runde 2: Je 2 fM in jd M. (12 M)

Runde 3: (1 fM in die nächste M, 2 fM in die nächste M) 6-mal. (18 M)

Runde 4: (Je 1 fM in die nächsten 2 M, 2 fM in die nächste M) 6-mal. (24 M)

Runde 5: (1 fM in die nächste M, 2 fM in die nächste M, je 1 fM in die nächsten 2 M) 6-mal. (30 M)

Runde 6: (1 fM in die nächsten 4 M, 2 fM in die nächste M) 6-mal. (36 M)

Runde 7: Je 1 fM in jd M. (36 M)

Runde 8: (1 fM in die nächsten 2 M, 2 fM in die nächste M, je 1 fM in die nächsten 3 M) 6-mal. (42 M)

Runde 9–11: Je 1 fM in jd M. (42 M)

Runde 12: (1 fM in die nächsten 2 M, 2 fM zus häkeln, je 1 fM in die nächsten 3 M) 6-mal. (36 M)

Runde 13–14: Je 1 fM in jd M. (36 M)

Runde 15: Zum türkisen Garn wechseln. Je 1 fM in jd M. (36 M)

Runde 16: (Je 1 fM in die nächsten 4 M, 2 fM zus häkeln) 6-mal. (30 M)

Füllen Sie den Körper mit Stofftierfüllung und fahren Sie während des Häkelns mit dem Füllen fort.

Runde 17–18: Je 1 fM in jd M. (30 M)

Runde 19: (1 fM in die nächste M, 2 fM zus häkeln, je 1 fM in die nächsten 2 M) 6-mal. (24 M)

Runde 20–21: Je 1 fM in jd M. (24 M)

Runde 22: Zu braunem Garn wechseln. (Je 1 fM in die nächsten 2 M, 2 fM zus häkeln) 6-mal. (18 M)

Das Garn befestigen und einen langen Faden zum Zusammennähen stehenlassen.

Details am KöRPeR

Eine Schlinge des türkisen Garns zwischen Runde 15 und 16 einhäkeln und auf jede der 30 M eine Km aufhäkeln. Das Garn befestigen.

Eine Schlinge des türkisen Garns zwischen Runde 21 und 22 einhäkeln und auf jede der 18 M eine Km aufhäkeln. Diese Maschen umranden Ober- und Unterseite des Pullovers. Das Garn befestigen.

Anmerkung: Machen Sie die aufgehäkelten Kettmaschen nicht zu fest.

ARme (2-mal häkeln)

Anfangsring: Mit braunem Garn einen Fadenring machen.

Runde 1: 6 fM in den Ring häkeln.

Runde 2: Je 2 fM in jd M. (12 M)

Runde 3: (1 fM in die nächste M, 2 fM in die nächste M) 6-mal. (18 M)

Runde 4: (Je 1 fM in die nächsten 5 M, 2 fM in die nächste M) 3-mal. (21 M)

Runde 5–9: Je 1 fM in jd M. (21 M)

Runde 10: Je 1 fM in die nächsten 8 M, 2 fM zus häkeln, je 1 fM in die nächsten 9 M, 2 fM zus häkeln. (19 M)

Runde 11: Je 1 fM in jd M. (19 M)

Runde 12: Je 1 fM in die nächsten 7 M, 2 fM zus häkeln, je 1 fM in die nächsten 8 M, 2 fM zus häkeln. (17 M)

Runde 13: Je 1 fM in jd M. (17 M)

Runde 14: Je 1 fM in die nächsten 6 M, 2 fM zus häkeln, je 1 fM in die nächsten 7 M, 2 fM zus häkeln. (15 M)

Runde 15: Je 1 fM in jd M. (15 M)

Runde 16: Zum türkisen Garn wechseln. Je 1 fM in die nächsten 5 M, 2 fM zus häkeln, je 1 fM in die nächsten 6 M, 2 fM zus häkeln. (13 M)

Runde 17–18: Je 1 fM in jd M. (13 M)

Runde 19: Je 1 fM in die nächsten 4 M, 2 fM zus häkeln, je 1 fM in die nächsten 5 M, 2 fM zus häkeln. (11 M)

Die Arme füllen. Drücken Sie die Arme flach und dann nähen Sie sie zu. Das Garn befestigen und einen langen Faden zum Zusammennähen stehenlassen.

Details an den ARmen

Eine Schlinge des türkisen Garns zwischen Runde 16 und 17 einhäkeln und auf jede der 13 M eine Km aufhäkeln

Beine (2-mal in BRaun häkeln)

Anfangsring: Einen Fadenring machen.

Runde 1: 6 fM in den Ring häkeln.

Runde 2: Je 2 fM in jd M. (12 M)

Runde 3: (1 fM in die nächste M, 2 fM in die nächste M) 6-mal. (18 M)

Runde 4: (Je 1 fM in die nächsten 5 M, 2 fM in die nächste M) 3-mal. (21 M)

Runde 5–7: Je 1 fM in jd M. (21 M)

Runde 8: Je 1 fM in die nächsten 8 M, 2 fM zus häkeln, je 1 fM in die nächsten 9 M, 2 fM zus häkeln. (19 M)

Runde 9: Je 1 fM in jd M. (19 M)

Runde 10: Je 1 fM in die nächsten 7 M, 2 fM zus häkeln, je 1 fM in die nächsten 8 M, 2 fM zus häkeln. (17 M)

Runde 11: Je 1 fM in jd M. (17 M)

Runde 12: Je 1 fM in die nächsten 6 M, 2 fM zus häkeln, je 1 fM in die nächsten 7 M, 2 fM zus häkeln. (15 M)

Runde 13: Je 1 fM in jd M. (15 M)

Runde 14: Je 1 fM in die nächsten 5 M, 2 fM zus häkeln, je 1 fM in die nächsten 6 M, 2 fM zus häkeln. (13 M)

Runde 15: Je 1 fM in jd M. (13 M)

Die Beine füllen. Das Garn befestigen und einen langen Faden zum Zusammennähen stehenlassen.

Zusammensetzen des Stofftiers

Nähen Sie den Kopf am Körper an.

Nähen Sie die beiden kleinen Knöpfe am Körper an.

Nähen Sie je einen Arm zwischen Runde 20 und 21 an einer Seite des Körpers an.

Nähen Sie die Beine unten am Körper zwischen Runde 2 und 5 an.

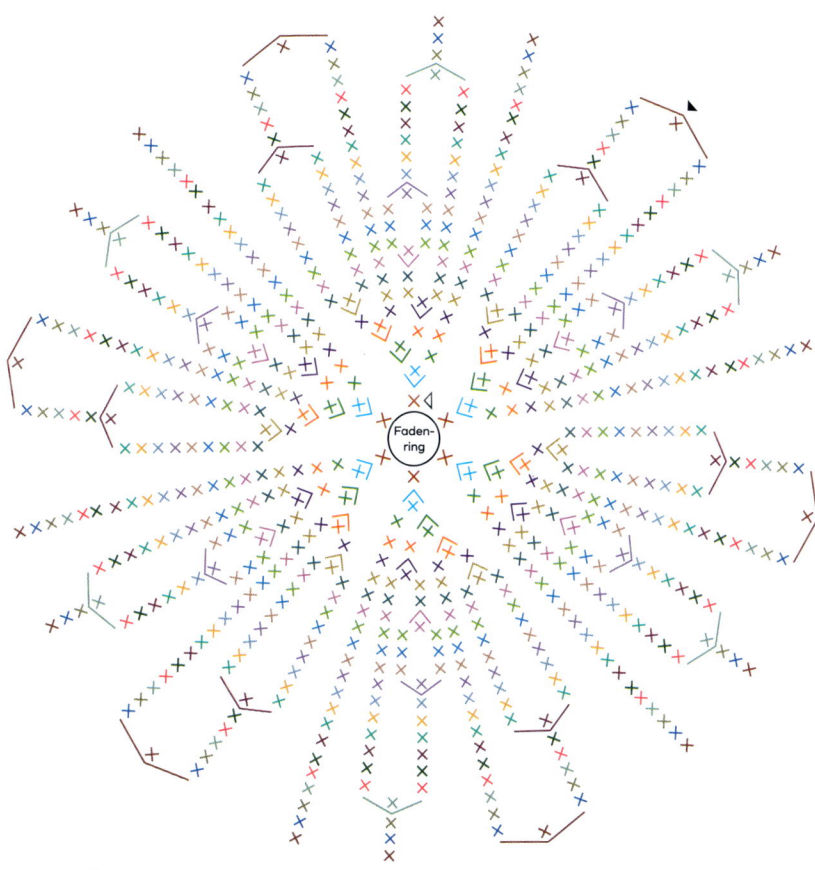

TEDDYBÄR
KÖRPER

TEDDYBÄR
ARM

TEDDYBÄR
BEIN

ANLEITUNG FÜR DAS TEDDYBÄRENSCHNUFFELTUCH

Schnauze (beige)

Folgen Sie den Anweisungen für die Schnauze des Teddybären Theo.

Nase (dunkelbraun)

Folgen Sie den Anweisungen für die Nase des Teddybären Theo.

Ohren (2-mal in Braun häkeln)

Folgen Sie den Anweisungen für die Ohren des Teddybären Theo.

Kopf (braun)

Folgen Sie den Anweisungen für den Kopf des Teddybären Theo, fügen Sie aber die folgenden Runden hinzu:

Runde 27: (1 fM in die nächste M, 2 fM zus häkeln) 6-mal. (12 M)

Runde 28: (2 fM zus häkeln) 6-mal. (6 M)

Das Garn befestigen und einen langen Faden zum Zusammennähen stehenlassen.

Zusammensetzen des Kopfes

Folgen Sie den Anweisungen zum Zusammensetzen des Kopfes von Teddybär Theo.

Nehmen Sie den Kopf und weben Sie den Faden mit der Sticknadel durch jede der restlichen Maschen und ziehen Sie sie fest zu. Lassen Sie einen langen Faden zum Zusammennähen stehen.

Arme (2-mal häkeln)

Folgen Sie den Anweisungen für die Arme von Teddybär Theo, fügen Sie aber die folgenden Runden hinzu:

Runde 20–21: Je 1 fM in jd M. (11 M)

Decke

Häkeln Sie die Granny-Decke in den folgenden Farben:

Runde 1–3: Braun.

Runde 4–5: Türkis.

Runde 6–7: Braun.

Runde 8–9: Türkis.

Runde 10–11: Braun.

Runde 12–13: Türkis.

Zusammensetzen des Schnuffeltuchs

Nähen Sie den Kopf in der Mitte der Decke an, sodass der Kopf zu einer der Ecken schaut.

Nähen Sie die Arme an der Decke an, direkt seitlich unter dem Kopf.

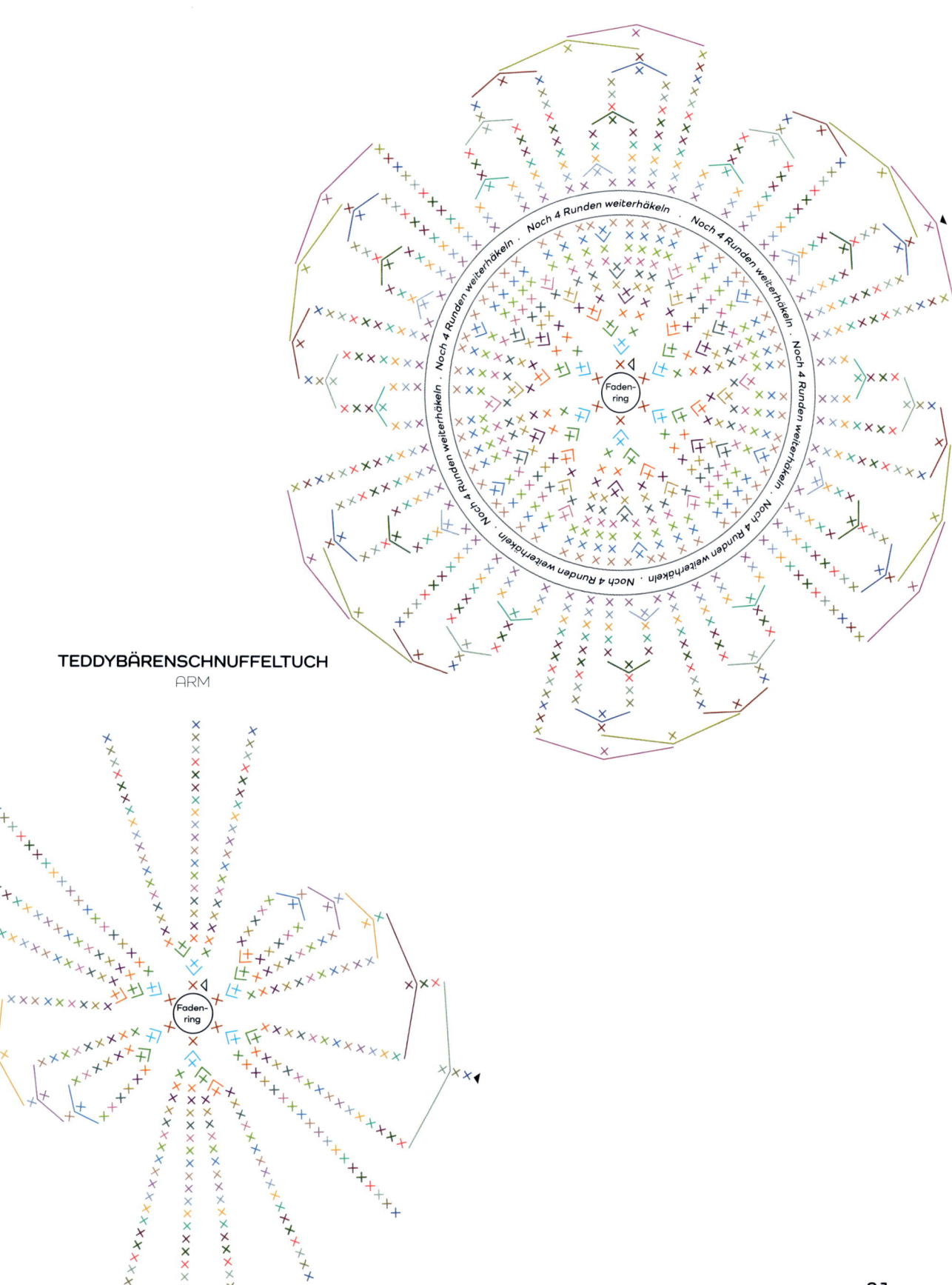

TEDDYBÄRENSCHNUFFELTUCH
ARM

31

Häschen
Klee

Schwierigkeitsgrad
Fortgeschritten

Sie benötigen
- Kammgarn: Grau, Gelb, Hellrosa und Schwarz
- Häkelnadel (4 mm)
- Maschenmarkierer
- Sticknadel
- Stofftierfüllung
- Amigurumi-Sicherheitsaugen (12 mm)
- Kleine bunte Knöpfe
- Schere

Verwendete Maschen
Lm, fM, Km, 2 fM zus häkeln

Größe bei Fertigstellung
Häschen: ca. 33 cm groß, Ohren mitgerechnet
Häschenschnuffeltuch: ca. 30 x 33 cm

LEITFADEN ZUM HÄKELN

MUSTER	HÄSCHEN	HÄSCHENSCHNUFFELTUCH
Kopf	gleich wie für Teddybär	gleich wie für Teddybärenschnuffeltuch
Körper	gleich wie für Teddybär	–
Arm	gleich wie für Teddybär	gleich wie für Teddybärenschnuffeltuch
Bein	gleich wie für Teddybär	–
Ohr	siehe Muster	gleich wie für Häschen
Schwanz	siehe Muster	–

Klee gerät immer in Schwierigkeiten,
weil er ständig herumhoppelt und für
Trubel sorgt.

ANLEITUNG FÜR DAS HÄSCHEN

Linkes Ohr (gelb)

Anfangsring: Einen Fadenring machen.

Runde 1: 6 fM in den Ring häkeln.

Runde 2: Je 1 fM in jd M. (6 M)

Runde 3: Je 2 fM in jd M. (12 M)

Runde 4: Je 1 fM in jd M. (12 M)

Runde 5: (1 fM in die nächste M, 2 fM in die nächste M) 6-mal. (18 M)

Runde 6: Je 1 fM in jd M. (18 M)

Runde 7: (Je 1 fM in die nächsten 5 M, 2 fM in die nächste M) 3-mal. (21 M)

Runde 8–13: Je 1 fM in jd M. (21 M)

Runde 14: (Je 1 fM in die nächsten 5 M, 2 fM zus häkeln) 3-mal. (18 M)

Runde 15: Je 1 fM in jd M. (18 M)

Runde 16: (Je 1 fM in die nächsten 7 M, 2 fM zus häkeln) 2-mal. (16 M)

Runde 17: (Je 1 fM in die nächsten 6 M, 2 fM zus häkeln) 2-mal. (14 M)

Runde 18: (Je 1 fM in die nächsten 5 M, 2 fM zus häkeln) 2-mal. (12 M)

Runde 19: Je 1 fM in jd M. (12 M)

Die Ohren müssen nicht gefüllt werden. Drücken Sie sie flach und nähen Sie sie zu. Das Garn befestigen und einen langen Faden zum Zusammennähen stehenlassen.

Rechtes Ohr

Dieser Teil wird in geschlossenen Runden gehäkelt. Folgen Sie den Anweisungen für das linke Ohr und verwenden Sie die folgenden Farben:

Runde 1–3: Gelb.

Runde 4–5: Grau.

Runde 6–7: Gelb.

Runde 8–9: Grau.

Runde 10–11: Gelb.

Runde 12–13: Grau.

Runde 14–15: Gelb.

Runde 16–17: Grau.

Runde 18–19: Gelb.

Kopf (grau)

Folgen Sie den Anweisungen für den Kopf von Teddybär Theo.

Zusammensetzen des Kopfes

Bringen Sie die Sicherheitsaugen zwischen Runde 14 und 15 mit 1 Masche Abstand dazwischen an.

Sticken Sie mit Ihrer Sticknadel und dem schwarzen Garn zwischen Runde 11 und 13 einen schwarzen Stich diagonal über jedes Auge, damit das Häschen einen lustigeren Gesichtsausdruck bekommt.

Sticken Sie für die Nase mit hellrosafarbenem Garn einige horizontale Stiche (2 M lang) in die Mitte zwischen Runde 15 und 16. Sticken Sie dann einen langen Stich (3 M lang) nach unten.

Nähen Sie die Ohren am Kopf zwischen Runde 2 und 7 an. Befestigen Sie sie gleichmäßig auf dem Kopf mit einem Abstand von 2 M.

Schwanz (grau)

Anfangsring: Einen Fadenring machen.

Runde 1: 6 fM in den Ring häkeln.

Runde 2: Je 2 fM in jd M. (12 M)

Runde 3: (Je 1 fM in die nächsten 3 M, 2 fM in die nächste M) 3-mal. (15 M)

Runde 4: Je 1 fM in jd M. (15 M)

Runde 5: (1 fM in die nächste M, 2 fM zus häkeln) 5-mal. (10 M)

Runde 6: (2 fM zus häkeln) 5-mal. (5 M)

Den Schwanz ein bisschen füllen. Das Garn befestigen und einen langen Faden zum Zusammennähen stehenlassen. Verweben Sie den Faden mit Ihrer Sticknadel durch die restlichen M und ziehen Sie ihn zu, um den Schwanz zu schließen.

Körper (grau)

Folgen Sie den Anweisungen für den Körper von Teddybär Theo.

Den Schwanz an der Rückseite des Körpers annähen. Platzieren Sie ihn mittig in Runde 8. Nähen Sie drei Knöpfe beliebig auf den Körper auf. Ich habe sie ein wenig links zwischen Runde 10 und 14 angebracht.

ZUSAMMENSETZEN DES SCHNUFFELTUCHS

Rechter Arm (gelb)

Folgen Sie den Anweisungen für die Arme von Teddybär Theo.

Linker Arm

Dieser Teil wird in geschlossenen Runden gehäkelt.

Folgen Sie den Anweisungen für die Arme von Teddybär Theo und verwenden Sie dabei die folgenden Farben:

Runde 1–3: Gelb.

Runde 4–5: Grau.

Runde 6–7: Gelb.

Runde 8–9: Grau.

Runde 10–11: Gelb.

Runde 12–13: Grau.

Runde 14–15: Gelb.

Runde 16–17: Grau.

Runde 18–19: Gelb.

Linkes Bein (gelb)

Folgen Sie den Anweisungen für das Bein von Teddybär Theo.

Rechtes Bein

Dieser Teil wird in geschlossenen Runden gehäkelt.

Folgen Sie den Anweisungen für das Bein von Teddybär Theo und verwenden Sie dabei die folgenden Farben:

Runde 1–3: Gelb.

Runde 4–5: Grau.

Runde 6–7: Gelb.

Runde 8–9: Grau.

Runde 10–11: Gelb.

Runde 12–13: Grau.

Runde 14–15: Gelb.

Zusammensetzen des Stofftiers

Nähen Sie den Kopf am Körper an.

Nähen Sie je einen Arm zwischen Runde 20 und 21 an einer Seite des Körpers an.

Nähen Sie die Beine unten am Körper zwischen Runde 1 und 6 an.

Ohren

Folgen Sie den Anweisungen für das rechte und linke Ohr von Häschen Klee.

Kopf (grau)

Folgen Sie den Anweisungen für den Kopf von Teddybär Theo

Zusammensetzen des Kopfes

Folgen Sie den Anweisungen zum Zusammensetzen des Kopfes von Häschen Klee.

Nehmen Sie den Kopf, weben Sie den Faden mit Ihrer Sticknadel durch jede der restlichen Maschen und ziehen Sie sie fest, um sie zu schließen. Lassen Sie einen langen Faden zum Zusammennähen stehen.

HÄSCHEN
SCHWANZ

Arme

Folgen Sie den Anweisungen für die Arme des Teddybärenschnuffeltuchs und verwenden Sie dabei die Farben für das Häschen Klee.

Verwenden Sie graues Garn für die Runden 20–21 des linken Arms.

Decke

Häkeln Sie die Strukturdecke und verwenden Sie die folgenden Farben:

Runde 1–21: Grau.

Runde 22–25: Gelb.

Zusammensetzen des Schnuffeltuchs

Nähen Sie den Kopf in der Mitte der Decke an, sodass der Kopf zu einer der Ecken schaut.

Nähen Sie die Arme an der Decke an, direkt seitlich unter dem Kopf.

HÄSCHEN
OHR

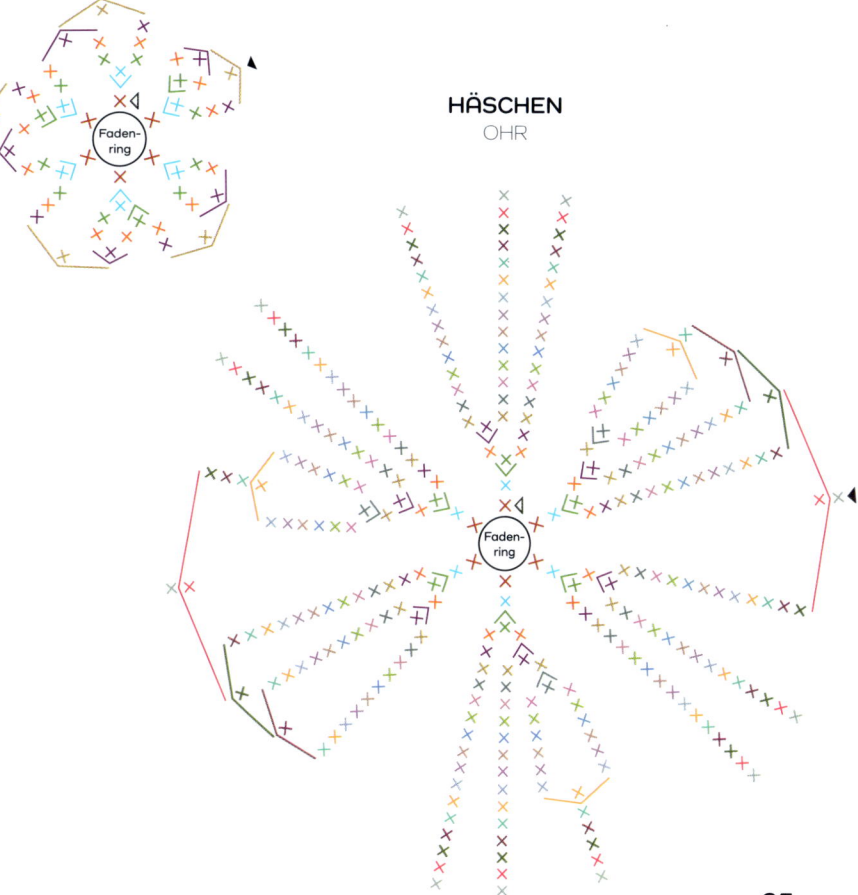

Hund
Didi

Schwierigkeitsgrad
Fortgeschritten

Sie benötigen
- Kammgarn: Hellbraun, Braun, Dunkelbraun, Korallenrot und Schwarz
- Häkelnadel (4 mm)
- Häkelnadel (5 mm)
- Maschenmarkierer
- Sticknadel
- Stofftierfüllung
- Amigurumi-Sicherheitsaugen (12 mm)
- 1 kleiner Holzknopf
- Schere

Verwendete Maschen
Lm, fM, Km, 2 fM zus häkeln

Größe bei Fertigstellung
Hund: ca. 27 cm hoch

Hundeschnuffeltuch: ca. 40 cm Durchmesser

LEITFADEN ZUM HÄKELN

MUSTER	HUND	HUNDESCHNUFFELTUCH
Kopf	gleich wie für Teddybär	gleich wie für Teddybärenschnuffeltuch
Körper	gleich wie für Teddybär	–
Arm	gleich wie für Teddybär	gleich wie für Teddybärenschnuffeltuch
Bein	gleich wie für Teddybär	–
Ohr	siehe Muster	gleich wie für Hund
Nase	siehe Muster	gleich wie für Hund
Schnauze	gleich wie für Giraffe	gleich wie für Giraffe
Schwanz	gleich wie für Katze	–

Sobald er Neuigkeiten erfährt,
kann Didi es kaum erwarten,
sie seinen Freunden zu erzählen.

ANLEITUNG FÜR DEN HUND

Ohren (2-mal in Braun häkeln)

Anfangsring: Einen Fadenring machen.

Runde 1: 6 fM in den Ring häkeln.

Runde 2: Je 2 fM in jd M. (12 M)

Runde 3: (1 fM in die nächste M, 2 fM in die nächste M) 6-mal. (18 M)

Runde 4: Je 1 fM in jd M. (18 M)

Runde 5: (Je 1 fM in die nächsten 2 M, 2 fM in die nächste M) 6-mal. (24 M)

Runde 6: Je 1 fM in jd M. (24 M)

Runde 7: (1 fM in die nächste M, 2 fM in die nächste M, je 1 fM in die nächsten 2 M) 6-mal. (30 M)

Runde 8-10: Je 1 fM in jd M. (30 M)

Runde 11: (1 fM in die nächste M, 2 fM zus häkeln, je 1 fM in die nächsten 2 M) 6-mal. (24 M)

Runde 12: Je 1 fM in jd M. (24 M)

Runde 13: (Je 1 fM in die nächsten 2 M, 2 fM zus häkeln) 6-mal. (18 M)

Runde 14: Je 1 fM in jd M. (18 M)

Runde 15: (1 fM in die nächste M, 2 fM zus häkeln) 6-mal. (12 M)

Runde 16-19: Je 1 fM in jd M. (12 M)

Die Ohren müssen nicht gefüllt werden. Drücken Sie sie flach und nähen Sie sie zu. Das Garn befestigen und einen langen Faden zum Zusammennähen stehenlassen.

Schnauze (hellbraun)

Folgen Sie den Anweisungen für die Schnauze von Giraffe Sefra.

Nase (dunkelbraun)

Anschlagsreihe: 5 Lm.

Die Maschen werden rund um beide Seiten der Anschlagsreihe gehäkelt.

Runde 1: In der 2. Lm von der Nadel beginnen und je 1 fM in die nächsten 3 M, 3 fM in die letzte M häkeln. Auf der anderen Seite der Anschlagsreihe weiterarbeiten und je 1 fM in die nächsten 2 M, 2 fM in die nächste M häkeln. (10 M)

Runde 2: 2 fM in die nächste M, je 1 fM in die nächsten 2 M, je 2 fM in die nächsten 3 M, je 1 fM in die nächsten 2 M, je 2 fM in die nächsten 2 M. (16 M)

Runde 3: Je 1 fM in jd M. (16 M)

Das Garn befestigen und einen langen Faden zum Zusammennähen stehenlassen.

Die Nase füllen und zwischen Runde 2 und 6 an die Schnauze annähen. Dann einen kleinen Stich von der Nase nach unten über etwa 2 Häkelmaschen sticken.

Kopf (hellbraun)

Folgen Sie den Anweisungen für den Kopf von Teddybär Theo.

Zusammensetzen des Kopfes

Bringen Sie die Sicherheitsaugen zwischen Runde 14 und 15 mit einem Abstand von 3 Maschen an.

Sticken Sie mit Ihrer Sticknadel und dem schwarzen Garn zwischen Runde 12 und 14 einen schwarzen Stich über jedes Auge, damit der Hund einen lustigeren Gesichtsausdruck bekommt. Sticken Sie jeden Stich über etwa 4 Häkelmaschen.

Nähen Sie die Ohren zwischen Runde 7 und 8 am Kopf an.

Füllen Sie die Schnauze und nähen Sie sie zwischen Runde 16 und 24 am Kopf an.

Schwanz

Folgen Sie den Anweisungen für den Schwanz der Katze Lissi und verwenden Sie die folgenden Farben:

Runde 1-4: Braun.

Runde 5-21: Hellbraun.

Körper (hellbraun)

Folgen Sie den Anweisungen für den Körper des Teddybären Theo.

Nähen Sie den Schwanz hinten am Körper zwischen Runde 8 und 10 an.

Arme (2-mal häkeln)

Folgen Sie den Anweisungen für die Arme des Teddybären Theo und verwenden Sie die folgenden Farben:

Runde 1-6: Braun.

Runde 7-19: Hellbraun.

Beine (2-mal häkeln)

Folgen Sie den Anweisungen für die Beine des Teddybären Theo und verwenden Sie die folgenden Farben:

Runde 1-6: Braun.

Runde 7-15: Hellbraun.

ANLEITUNG FÜR DAS HUNDESCHNUFFELTUCH

Zusammensetzen des Stofftiers

Nähen Sie den Kopf am Körper an.

Nähen Sie je einen Arm zwischen Runde 20 und 21 an einer Seite des Körpers an.

Nähen Sie die Beine unten am Körper zwischen Runde 3 und 5 an.

Schal (korallenrot)

Verwenden Sie die 5-mm-Häkelnadel.

Anschlagsreihe: 89 Lm.

Reihe 1: In der 2. Lm von der Nadel beginnen und je 1 fM in die nächsten 88 M, 1 Lm, wenden. (88 M)

Reihe 2: Mit der 2. Lm beginnen und je 1 fM in jd M. (88 M)

Das Garn befestigen.

Legen Sie den Schal um den Hals des Hundes. Wenn Sie möchten, können Sie einen kleinen Holzknopf auf den Schal aufnähen.

Ohren (2-mal in Braun häkeln)

Folgen Sie den Anweisungen für die Ohren des Hundes Didi.

Schnauze (hellbraun)

Folgen Sie den Anweisungen für die Schnauze der Giraffe Sefra.

Nase (dunkelbraun)

Folgen Sie den Anweisungen für die Nase des Hundes Didi.

Kopf (hellbraun)

Folgen Sie den Anweisungen für den Kopf des Teddybärenschnuffeltuchs.

Zusammensetzen des Kopfes

Folgen Sie den Anweisungen zum Zusammensetzen des Kopfes des Hundes Didi.

Nehmen Sie den Kopf, weben Sie den Faden durch jede der restlichen Maschen und ziehen Sie sie zum Verschließen zu. Lassen Sie einen langen Faden zum Zusammennähen stehen.

Arme (2-mal häkeln)

Folgen Sie den Anweisungen für die Arme des Teddybärenschnuffeltuchs und verwenden Sie die folgenden Farben:

Runde 1–6: Braun.

Runde 7–21: Hellbraun.

Decke

Häkeln Sie die Spitzendecke und verwenden Sie die folgenden Farben:

Runde 1–13: Hellbraun.

Runde 14–15: Braun.

Zusammensetzen des Schnuffeltuchs

Nähen Sie den Kopf in der Mitte der Decke an. Nähen Sie die Arme direkt unter der rechten und linken Seite des Kopfs an der Decke an.

HUND
OHR

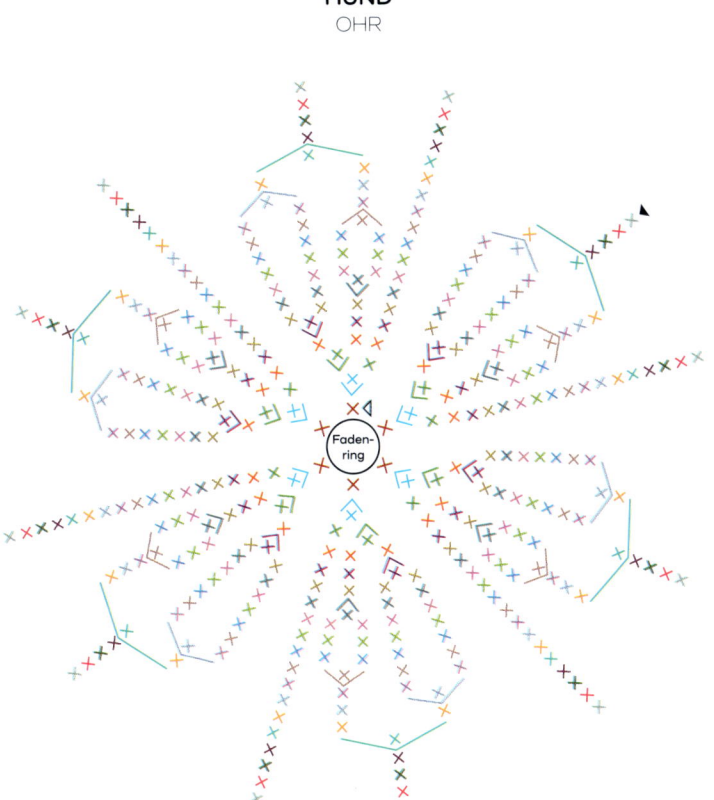

HUND
NASE

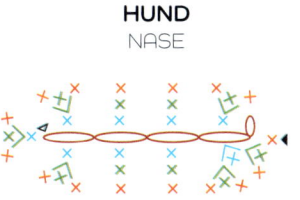

Katze
Lissi

Schwierigkeitsgrad

Fortgeschritten

Sie benötigen

- Kammgarn: Weiß, Hellrosa, Pink und Schwarz
- Häkelnadel (4 mm)
- Häkelnadel (5 mm)
- Maschenmarkierer
- Sticknadel
- Stofftierfüllung
- Amigurumi-Sicherheitsaugen (12 mm)
- 1 kleiner Holzknopf
- Schere

Verwendete Maschen

Lm, fM, Km, 2 fM zus häkeln

Größe bei Fertigstellung

Cat: ca. 28 cm groß, Ohren mitgerechnet

Katzenschnuffeltuch: ca. 37 x 37 cm

LEITFADEN ZUM HÄKELN

MUSTER	KATZE	KATZENSCHNUFFELTUCH
Kopf	gleich wie für Teddybär	gleich wie für Teddybärenschnuffeltuch
Körper	gleich wie für Teddybär	–
Arm	gleich wie für Teddybär	gleich wie für Teddybärenschnuffeltuch
Bein	gleich wie für Teddybär	–
Ohr	siehe Muster	gleich wie für Katze
Schwanz	siehe Muster	–

Katze Lissi ist sehr vergesslich und findet nie ihre Stiefel, wenn sie das Haus verlassen will.

ANLEITUNG FÜR DIE KATZE

Ohren (je 1-mal in Weiß und in Hellrosa häkeln)

Anfangsring: Einen Fadenring machen.

Runde 1: 6 fM in den Ring häkeln.

Runde 2: Je 1 fM in jd M. (6 M)

Runde 3: Je 2 fM in jd M. (12 M)

Runde 4: Je 1 fM in jd M. (12 M)

Runde 5: (1 fM in die nächste M, 2 fM in die nächste M) 6-mal. (18 M)

Runde 6: Je 1 fM in jd M. (18 M)

Runde 7: (Je 1 fM in die nächsten 5 M, 2 fM in die nächste M) 3-mal. (21 M)

Runde 8-9: Je 1 fM in jd M. (21 M)

Die Ohren müssen nicht gefüllt werden. Drücken Sie sie flach und nähen Sie sie zu. Das Garn befestigen und einen langen Faden zum Zusammennähen stehenlassen.

Kopf (hellrosa)

Folgen Sie den Anweisungen für den Kopf von Teddybär Theo

Zusammensetzen des Kopfes

Bringen Sie die Sicherheitsaugen zwischen Runde 15 und 16 mit einem Abstand von 2 Maschen dazwischen an.

Sticken Sie mit Ihrer Sticknadel und dem schwarzen Garn zwischen Runde 13 und 16 einen schwarzen Stich über jedes Auge, damit die Katze einen lustigeren Gesichtsausdruck bekommt. Sticken Sie jeden Stich über etwa 3 Häkelmaschen.

Für die Nase sticken Sie über ein paar Maschen mit pinkem Garn in der Mitte des Gesichts zwischen Runde 16 und 18 des Kopfes. Sticken Sie dann ein paar vertikale über die eben gestickten horizontalen Stiche. Dann einen langen Stich von der Nase aus etwa 2 Maschen nach unten sticken. Für den Mund nähen Sie je zwei kleine Stiche v-förmig nach rechts und links.

Nähen Sie die Ohren zwischen Runde 3 und 13 am Kopf an.

Schwanz

Anfangsring: Mit dem weißen Garn einen Fadenring machen.

Runde 1: 6 fM in den Ring häkeln.

Runde 2: (1 fM in die nächste M, 2 fM in die nächste M) 3-mal. (9 M)

Runde 3-21: Zum pinken Garn wechseln. Je 1 fM in jd M. (9 M)

Den Schwanz leicht füllen. Das Garn befestigen und einen langen Faden zum Zusammennähen stehenlassen.

Körper (hellrosa)

Folgen Sie den Anweisungen für den Körper von Teddybär Theo.

Nähen Sie den Schwanz zwischen Runde 7 und 10 an der Rückseite des Körpers an.

Arme (2-mal häkeln)

Folgen Sie den Anweisungen für die Arme des Teddybären Theo in den folgenden Farben:

Runde 1-6: Weiß.

Runde 7-19: Hellrosa.

Beine (2-mal häkeln)

Folgen Sie den Anweisungen für die Beine des Teddybären Theo in den folgenden Farben:

Runde 1-6: Weiß.

Runde 7-15: Hellrosa.

Zusammensetzen des Stofftiers

Nähen Sie den Kopf am Körper an.

Nähen Sie je einen Arm zwischen Runde 20 und 21 an einer Seite des Körpers an.

Nähen Sie die Beine unten am Körper zwischen Runde 3 und 5 an.

Schal (Pink)

Verwenden Sie die 5-mm-Häkelnadel.

Anschlagsreihe: 89 Lm.

Reihe 1: In der 2. Lm von der Nadel beginnen und je 1 fM in die nächsten 88 M, 1 Lm, wenden. (88 M)

Reihe 2: Mit der 2. Lm beginnen und je 1 fM in jd M. (88 M)

Das Garn befestigen.

Legen Sie den Schal um den Hals der Katze. Wenn Sie möchten, können Sie einen kleinen Holzknopf auf den Knoten des Schals aufnähen.

ANLEITUNG FÜR DAS KATZENSCHNUFFELTUCH

Ohren (je 1-mal in Weiß und in Hellrosa häkeln)

Folgen Sie den Anweisungen für die Ohren der Katze Lissi.

Kopf (hellrosa)

Folgen Sie den Anweisungen für den Kopf des Teddybärenschnuffeltuchs.

Zusammensetzen des Kopfes

Folgen Sie den Anweisungen zum Zusammensetzen des Kopfes von Katze Lissi.

Nehmen Sie den Kopf, weben Sie den Faden mit der Sticknadel durch jede der restlichen Maschen und ziehen Sie sie zum Verschließen zu. Lassen Sie einen langen Faden zum Zusammennähen stehen.

Arme (2-mal häkeln)

Folgen Sie den Anweisungen für die Arme des Teddybärenschnuffeltuchs in den folgenden Farben:

Runde 1–6: Weiß.

Runde 7–21: Hellrosa.

Decke

Häkeln Sie die Karodecke in den folgenden Farben:

Ungerade Runden: Hellrosa.

Gerade Runden: Pink.

Zusammensetzen des Schnuffeltuchs

Nähen Sie den Kopf in der Mitte der Decke an, sodass er zu einer der Ecken schaut. Nähen Sie die Arme an der Decke an, direkt seitlich unter dem Kopf.

KATZE
OHR

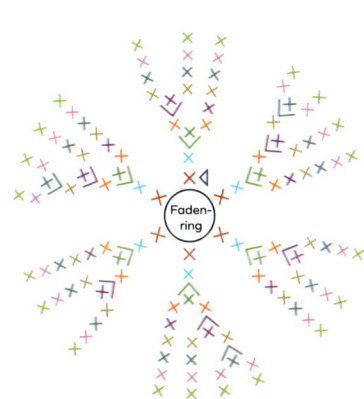

KATZE
SCHWANZ

Zebra
Melvin

Schwierigkeitsgrad

Fortgeschritten

Sie benötigen

- Kammgarn: Weiß und Schwarz
- Häkelnadel (4 mm)
- Maschenmarkierer
- Sticknadel
- Stofftierfüllung
- Amigurumi-Sicherheitsaugen (12 mm)
- Schere

Verwendete Maschen

Lm, fM, Km, 2 fM zus häkeln

Größe bei Fertigstellung

Zebra: ca. 28 cm groß

Zebraschnuffeltuch: ca. 33 x 33 cm

LEITFADEN ZUM HÄKELN

MUSTER	ZEBRA	ZEBRASCHNUFFELTUCH
Kopf	siehe Muster	gleich wie für Zebra
Körper	gleich wie für Teddybär	–
Arm	gleich wie für Teddybär	gleich wie für Teddybärenschnuffeltuch
Bein	siehe Muster	–
Ohr	siehe Muster	gleich wie für Zebra
Schwanz	gleich wie für Giraffe	–

Melvin ist sehr stolz auf sein gestreiftes Fell und glaubt, dass er das Schlaueste aller Tiere ist.

ANLEITUNG FÜR DAS ZEBRA

Ohren (2-mal in schwarz häkeln)

Anfangsring: Einen Fadenring machen.

Runde 1: 6 fM in den Ring häkeln.

Runde 2: Je 1 fM in jd M. (6 M)

Runde 3: Je 2 fM in jd M. (12 M)

Runde 4: Je 1 fM in jd M. (12 M)

Runde 5: (1 fM in die nächste M, 2 fM in die nächste M) 6-mal. (18 M)

Runde 6: Je 1 fM in jd M. (18 M)

Runde 7: (Je 1 fM in die nächsten 5 M, 2 fM in die nächste M) 3-mal. (21 M)

Runde 8-9: Je 1 fM in jd M. (21 M)

Runde 10: (Je 1 fM in die nächsten 5 M, 2 fM zus häkeln) 3-mal. (18 M)

Runde 11: (1 fM in die nächste M, 2 fM zus häkeln) 6-mal. (12 M)

Runde 12: Je 1 fM in jd M. (12 M)

Die Ohren müssen nicht gefüllt werden. Drücken Sie sie flach und nähen Sie sie zu. Das Garn befestigen und einen langen Faden zum Zusammennähen stehenlassen.

Kopf

Dieser Teil wird in geschlossenen Runden gehäkelt. Schlagen Sie im Abschnitt „Grundtechniken" für weitere Anweisungen nach!

Anfangsring: Mit dem schwarzen Garn einen Fadenring machen.

Runde 1: 6 fM in den Ring häkeln.

Runde 2: Je 2 fM in jd M. (12 M)

Runde 3: (1 fM in die nächste M, 2 fM in die nächste M) 6-mal. (18 M)

Runde 4: (Je 1 fM in die nächsten 2 M, 2 fM in die nächste M) 6-mal. (24 M)

Runde 5: (1 fM in die nächste M, 2 fM in die nächste M, je 1 fM in die nächsten 2 M) 6-mal. (30 M)

Runde 6-9: Je 1 fM in jd M. (30 M)

Runde 10: Zum weißen Garn wechseln. (Je 1 fM in die nächsten 4 M, 2 fM in die nächste M) 6-mal. (36 M)

Runde 11: Je 1 fM in jd M. (36 M)

Runde 12: Zum schwarzen Garn wechseln. Je 1 fM in jd M. (36 M)

Runde 13: (Je 1 fM in die nächsten 2 M, 2 fM in die nächste M, je 1 fM in die nächsten 3 M) 6-mal. (42 M)

Runde 14-15: Zum weißen Garn wechseln. Je 1 fM in jd M. (42 M)

Runde 16: Zum schwarzen Garn wechseln. (Je 1 fM in die nächsten 6 M, 2 fM in die nächste M) 6-mal. (48 M)

Runde 17: Je 1 fM in jd M. (48 M)

Runde 18-19: Zum weißen Garn wechseln. Je 1 fM in jd M. (48 M)

Runde 20-21: Zum schwarzen Garn wechseln. Je 1 fM in jd M. (48 M)

Runde 22: Zum weißen Garn wechseln. Je 1 fM in jd M. (48 M)

Runde 23: (Je 1 fM in die nächsten 6 M, 2 fM zus häkeln) 6-mal. (42 M)

Runde 24: Zum schwarzen Garn wechseln. Je 1 fM in jd M. (42 M)

Füllen Sie den Kopf mit Stofftierfüllung und fahren Sie während des Häkelns mit dem Füllen fort.

Runde 25: (Je 1 fM in die nächsten 2 M, 2 fM zus häkeln, je 1 fM in die nächsten 3 M) 6-mal. (36 M)

Runde 26: Zum weißen Garn wechseln. (Je 1 fM in die nächsten 4 M, 2 fM zus häkeln) 6-mal. (30 M)

Runde 27: (1 fM in die nächste M, 2 fM zus häkeln, je 1 fM in die nächsten 2 M) 6-mal. (24 M)

Runde 28: Zum schwarzen Garn wechseln. (Je 1 fM in die nächsten 2 M, 2 fM zus häkeln) 6-mal. (18 M)

Runde 29: (1 fM in die nächste M, 2 fM zus häkeln) 6-mal. (12 M)

Runde 30: (2 fM zus häkeln) 6-mal. (6 M)

Das Garn befestigen und einen langen Faden zum Zusammennähen stehenlassen.

Sticken Sie für die Nüstern mit Ihrer Sticknadel und dem weißen Garn einen Kreuzstich rechts und links auf die Nase auf. Platzieren Sie diese Stiche zwischen Runde 4 und 5.

Das Garn befestigen.

Zusammensetzen des Kopfes

Verleihen Sie den Augen mehr Spannung, indem Sie den Anweisungen im Abschnitt „Letzte Handgriffe" folgen.

Bringen Sie die Sicherheitsaugen zwischen Runde 14 und 15 mit 4 Maschen Abstand dazwischen an.

Nähen Sie die Ohren zwischen Runde 20 und 21 am Kopf an.

Nehmen Sie den Kopf und weben Sie den Faden durch jede der restlichen Maschen und ziehen Sie sie fest zu. Den Faden vernähen.

Machen Sie die Haare, indem Sie den Anweisungen des Abschnitts „Letzte Handgriffe" folgen. Bringen Sie Haar von Runde 20 bis 27 am Hinterkopf an, sodass es zur Farbe der Streifen passt.

Körper

Dieser Teil wird in geschlossenen Runden gehäkelt.

Folgen Sie den Anweisungen für den Körper des Teddybären Theo in den folgenden Farben:

Runde 1–2: Schwarz.

Runde 3–4: Weiß.

Runde 5–6: Schwarz.

Runde 7–8: Weiß.

Runde 9–10: Schwarz.

Runde 11–12: Weiß.

Runde 13–14: Schwarz.

Runde 15–16: Weiß.

Runde 17–18: Schwarz.

Runde 19–20: Weiß.

Runde 21–22: Schwarz.

Schwanz (Schwarz)

Häkeln Sie eine Garnschlinge hinten am Körper in Runde 9 ein und häkeln Sie 7 Lm.

Reihe 1: In der 2. Lm von der Nadel beginnen und je 1 Km in die nächsten 6 M häkeln.

Das Garn befestigen.

Machen Sie 3 Haare aus schwarzem Garn und befolgen Sie die Anweisungen im Abschnitt „Letzte Handgriffe".

Arme (2-mal häkeln)

Dieser Teil wird in geschlossenen Runden gehäkelt.

Folgen Sie den Anweisungen für die Arme des Teddybären Theo mit den folgenden Änderungen:

Runde 5: Nur ins dritte Maschenglied häkeln.

Runde 1–7: Schwarz.

Runde 8–9: Weiß.

Runde 10–11: Schwarz.

Runde 12–13: Weiß.

Runde 14–15: Schwarz.

Runde 16–17: Weiß.

Runde 18–19: Schwarz.

Machen Sie die Finger, indem Sie den Anweisungen im Abschnitt „Letzte Handgriffe" folgen.

Beine (2-mal häkeln)

Dieser Teil wird in geschlossenen Runden gehäkelt.

Anfangsring: Mit schwarzem Garn einen Fadenring machen.

Runde 1: 6 fM in den Ring häkeln.

Runde 2: Je 2 fM in jd M. (12 M)

Runde 3: (1 fM in die nächste M, 2 fM in die nächste M) 6-mal. (18 M)

Runde 4: (Je 1 fM in die nächsten 5 M, 2 fM in die nächste M) 3-mal. (21 M)

Runde 5: Nur ins dritte Maschenglied häkeln und je 1 fM in jd M. (21 M)

Runde 6–7: Je 1 fM in jd M. (21 M)

Runde 8: Zum weißen Garn wechseln. Je 1 fM in die nächsten 8 M, 2 fM zus häkeln, je 1 fM in die nächsten 9 M, 2 fM zus häkeln. (19 M)

Runde 9: Je 1 fM in jd M. (19 M)

Runde 10: Zum schwarzen Garn wechseln. Je 1 fM in die nächsten 7 M, 2 fM zus häkeln, je 1 fM in die nächsten 8 M, 2 fM zus häkeln. (17 M)

Runde 11: Je 1 fM in jd M. (17 M)

Runde 12: Zum weißen Garn wechseln. Je 1 fM in die nächsten 6 M, 2 fM zus häkeln, je 1 fM in die nächsten 7 M, 2 fM zus häkeln. (15 M)

Runde 13: Je 1 fM in jd M. (15 M)

Runde 14: Zum schwarzen Garn wechseln. Je 1 fM in die nächsten 5 M, 2 fM zus häkeln, je 1 fM in die nächsten 6 M, 2 fM zus häkeln. (13 M)

Runde 15: Je 1 fM in jd M. (13 M)

ANLEITUNG FÜR DAS ZEBRASCHNUFFELTUCH

Runde 16: Zum weißen Garn wechseln. Je 1 fM in jd M. (13 M)

Runde 17: Je 1 fM in die nächsten 4 M, 2 fM zus häkeln, je 1 fM in die nächsten 5 M, 2 fM zus häkeln. (11 M)

Runde 18–19: Zum schwarzen Garn wechseln. Je 1 fM in jd M. (11 M)

Die Beine füllen. Das Garn befestigen und einen langen Faden zum Zusammennähen stehenlassen.

Machen Sie die Zehen, indem Sie den Anweisungen im Abschnitt „Letzte Handgriffe" folgen.

Zusammensetzen des Stofftiers

Nähen Sie den Kopf am Körper an.

Nähen Sie je einen Arm zwischen Runde 20 und 21 an einer Seite des Körpers an.

Nähen Sie die Beine unten am Körper zwischen Runde 2 und 5 an.

Ohren (2-mal in schwarz häkeln)

Folgen Sie den Anweisungen für die Ohren des Zebras Melvin.

Kopf

Folgen Sie den Anweisungen für den Kopf des Zebras Melvin.

Zusammensetzen des Kopfes

Folgen Sie den Anweisungen zum Zusammensetzen des Kopfes des Zebras Melvin.

Arme (2-mal häkeln)

Folgen Sie den Anweisungen für die Arme des Zebras Melvin, fügen Sie aber die folgenden Runden hinzu:

Runde 20–21: Zum weißen Garn wechseln. Je 1 fM in jd M. (11 M)

Decke

Häkeln Sie die Granny-Decke in den folgenden Farben:

Runde 1–2: Weiß.

Runde 3–4: Schwarz.

Runde 5–6: Weiß.

Runde 7–8: Schwarz.

Runde 9–10: Weiß.

Runde 11–12: Schwarz.

Runde 13: Weiß.

Zusammensetzen des Schnuffeltuchs

Nähen Sie den Kopf in der Mitte der Decke an, sodass er zu einer der Ecken schaut. Nähen Sie die Arme an der Decke an, direkt seitlich unter dem Kopf.

ZEBRA
BEIN

ZEBRA
OHR

ZEBRA
KOPF

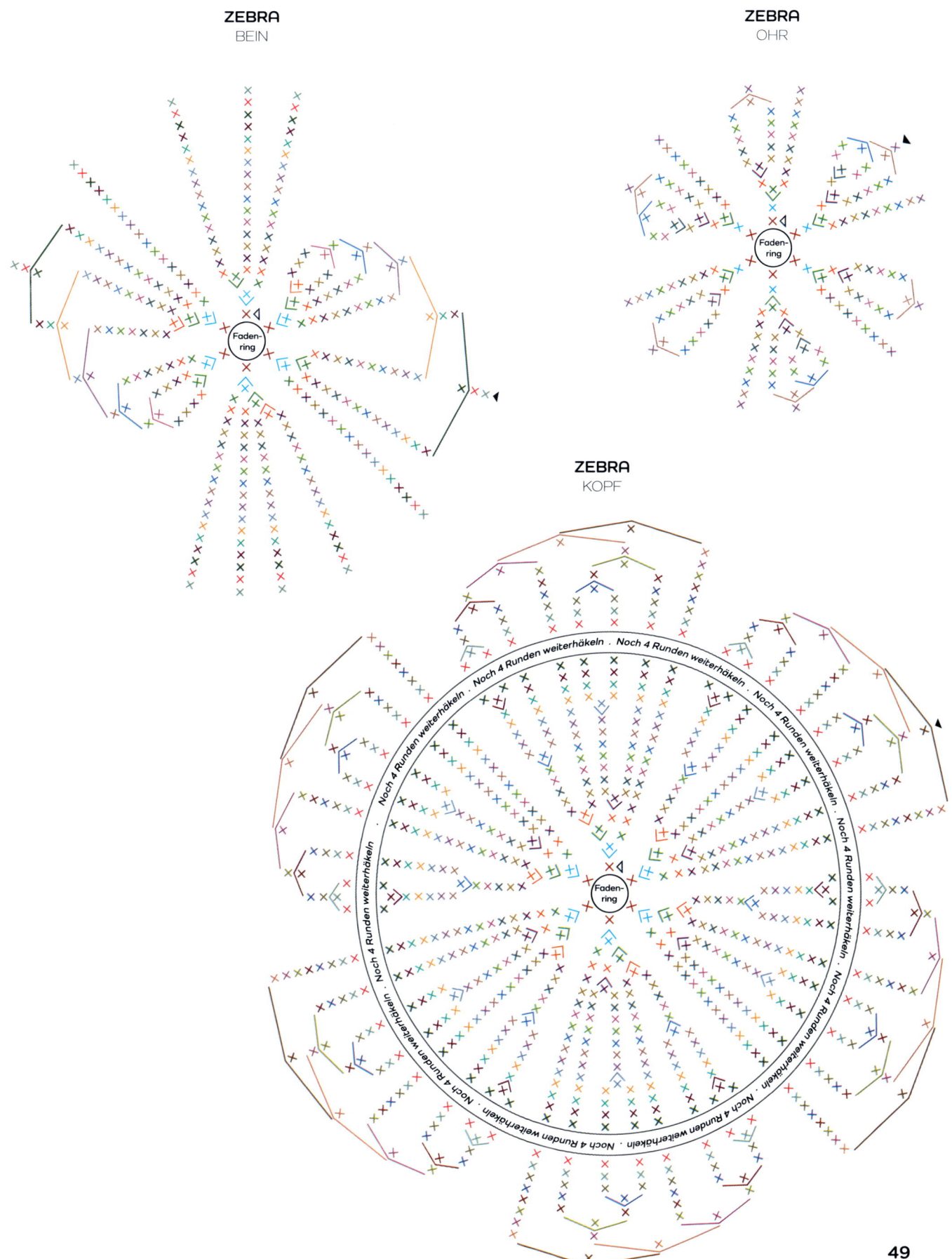

49

Nashorn
Roy

Schwierigkeitsgrad

Fortgeschritten

Sie benötigen

- Kammgarn: Dunkles Beige, Beige, Hellgrau und Schwarz
- Häkelnadel (4 mm)
- Maschenmarkierer
- Sticknadel
- Stofftierfüllung
- Amigurumi-Sicherheitsaugen (12 mm)
- Schere

Verwendete Maschen

Lm, fM, Km, 2 fM zus häkeln

Größe bei Fertigstellung

Nashorn: ca. 25 cm groß

Nashornschnuffeltuch: ca. 40 cm Durchmesser

LEITFADEN ZUM HÄKELN

MUSTER	NASHORN	NASHORNSCHNUFFELTUCH
Kopf	gleich wie für Zebra	gleich wie für Zebra
Körper	gleich wie für Teddybär	–
Arm	gleich wie für Teddybär	gleich wie für Teddybärenschnuffeltuch
Bein	gleich wie für Teddybär	–
Ohr	siehe Muster	gleich wie für Nashorn
Großes Horn	siehe Muster	gleich wie für Nashorn
Kleines Horn	siehe Muster	gleich wie für Nashorn

Nashorn Roy
verbringt seine Zeit
am liebsten damit, im
schlammigen Wasser
herumzuplanschen.

ANLEITUNG FÜR DAS NASHORN

Ohren (4-mal in dunklem Beige häkeln)

Anfangsring: Einen Fadenring machen.

Runde 1: 6 fM in den Ring häkeln.

Runde 2: Je 2 fM in jd M. (12 M)

Runde 3: (1 fM in die nächste M, 2 fM in die nächste M) 6-mal. (18 M)

Runde 4: (Je 1 fM in die nächsten 2 M, 2 fM in die nächste M) 6-mal. (24 M)

Fertigen Sie zusammengesetzte Ohren an und folgen Sie dafür den Anweisungen des Abschnitts „Letzte Handgriffe".

Großes Horn (hellgrau)

Anfangsring: Einen Fadenring machen.

Runde 1: 6 fM in den Ring häkeln.

Runde 2: Je 1 fM in die nächsten 3 M, 2 fM in die nächste M, je 1 fM in die nächsten 2 M. (7 M)

Runde 3: Je 1 fM in die nächsten 4 M, 2 fM in die nächste M, je 1 fM in die nächsten 2 M. (8 M)

Runde 4: Je 1 fM in die nächsten 5 M, 2 fM in die nächste M, je 1 fM in die nächsten 2 M. (9 M)

Runde 5: Je 1 fM in die nächsten 6 M, 2 fM in die nächste M, je 1 fM in die nächsten 2 M. (10 M)

Das Horn leicht füllen, das Garn befestigen und einen langen Faden zum Zusammennähen stehenlassen.

Kleines Horn (hellgrau)

Anfangsring: Einen Fadenring machen.

Runde 1: 6 fM in den Ring häkeln.

Runde 2: Je 1 fM in die nächsten 3 M, 2 fM in die nächste M, je 1 fM in die nächsten 2 M. (7 M)

Runde 3: Je 1 fM in die nächsten 4 M, 2 fM in die nächste M, je 1 fM in die nächsten 2 M. (8 M)

Runde 4: Je 1 fM in die nächsten 5 M, 2 fM in die nächste M, je 1 fM in die nächsten 2 M. (9 M)

Das Horn leicht füllen, das Garn befestigen und einen langen Faden zum Zusammennähen stehenlassen.

Kopf (dunkles Beige)

Folgen Sie den Anweisungen für den Kopf des Zebras Melvin.

Zusammensetzen des Kopfes

Verleihen Sie den Augen mehr Spannung, indem Sie den Anweisungen im Abschnitt „Letzte Handgriffe" folgen.

Bringen Sie die Sicherheitsaugen zwischen Runde 13 und 14 mit 8 Maschen Abstand dazwischen an.

Sticken Sie mit Ihrer Sticknadel und dem schwarzen Garn zwischen Runde 16 und 18 einen schwarzen Stich über jedes Auge, damit das Nashorn einen lustigeren Gesichtsausdruck bekommt. Sticken Sie jeden Stich über etwa 4 Häkelmaschen.

Nähen Sie die Ohren zwischen Runde 22 und 24 am Kopf an.

Nähen Sie das große Horn mittig zwischen Runde 4 und 7 an den Kopf. Dann nähen Sie das kleine Horn zwischen Runde 9 und 12 an.

Schließlich nehmen Sie den Kopf und weben den Faden mit der Sticknadel durch jede der restlichen Maschen, um diese zuzuziehen. Den Faden vernähen.

Körper (dunkles Beige)

Folgen Sie den Anweisungen für den Körper des Teddybären Theo.

Arme (2-mal häkeln)

Folgen Sie den Anweisungen für die Arme des Teddybären Theo mit folgenden Änderungen:

Runde 5: Nur ins dritte Maschenglied häkeln.

Runde 1–7: Beige.

Runde 8–19: Dunkles Beige.

Machen Sie die Finger, indem Sie den Anweisungen im Abschnitt „Letzte Handgriffe" folgen.

Beine (2-mal häkeln)

Folgen Sie den Anweisungen für das Bein des Teddybären Theo mit folgenden Farben:

Runde 5: Nur ins dritte Maschenglied häkeln.

Runde 1–7: Beige.

Runde 8–15: Dunkles Beige.

Machen Sie die Zehen, indem Sie den Anweisungen im Abschnitt „Letzte Handgriffe" folgen.

Zusammensetzen des Stofftiers

Nähen Sie den Kopf am Körper an.

Nähen Sie je einen Arm zwischen Runde 20 und 21 an einer Seite des Körpers an.

Nähen Sie die Beine unten am Körper zwischen Runde 2 und 5 an.

ANLEITUNG FÜR DAS NASHORNSCHNUFFELTUCH

Großes Horn (hellgrau)

Folgen Sie den Anweisungen für das große Horn des Nashorns Roy.

Kleines Horn (hellgrau)

Folgen Sie den Anweisungen für das kleine Horn des Nashorns Roy.

Ohren

(4-mal in dunklem Beige häkeln)

Folgen Sie den Anweisungen für das Ohr des Nashorns Roy.

Kopf (dunkles Beige)

Folgen Sie den Anweisungen für den Kopf des Zebras Melvin.

Zusammensetzen des Kopfes

Folgen Sie den Anweisungen zum Zusammensetzen des Kopfes des Nashorns Roy.

Arme (2-mal häkeln)

Folgen Sie den Anweisungen für die Arme des Nashorns Roy, fügen Sie aber die folgenden Runden in dunklem Beige hinzu:

Runde 20–21: Je 1 fM in jd M. (11 M)

Decke

Häkeln Sie die Spitzendecke in den folgenden Farben:

Runde 1–13: Dunkles Beige.

Runde 14–15: Beige.

Zusammensetzen des Schnuffeltuchs

Nähen Sie den Kopf in der Mitte der Decke an, sodass er zu einer der Spitzen schaut. Nähen Sie die Arme an der Decke an, direkt seitlich unter dem Kopf.

Giraffe
Sefra

Sefra liebt das Klettern über alles und sie testet gerne, wie hoch sie schon kommt.

Schwierigkeitsgrad

Fortgeschritten

Sie benötigen

- Kammgarn: Gelb, Braun, Beige und Schwarz
- Häkelnadel (4 mm)
- Maschenmarkierer
- Sticknadel
- Stofftierfüllung
- Amigurumi-Sicherheitsaugen (12 mm)
- Schere

Verwendete Maschen

Lm, fM, Km, 2 fM zus häkeln

Größe bei Fertigstellung

Giraffe: ca. 29 cm hoch, Hörner mitgerechnet

Giraffenschnuffeltuch: ca. 30 x 33 cm

LEITFADEN ZUM HÄKELN

MUSTER	GIRAFFE	GIRAFFENSCHNUFFELTUCH
Kopf	gleich wie für Teddybär	gleich wie für Teddybärenschnuffeltuch
Körper	siehe Muster	–
Arm	gleich wie für Teddybär	gleich wie für Teddybärenschnuffeltuch
Bein	gleich wie für Teddybär	–
Schnauze	siehe Muster	gleich wie für Giraffe
Ohr	siehe Muster	gleich wie für Giraffe
Horn	siehe Muster	gleich wie für Giraffe
Fleck	siehe Muster	gleich wie für Giraffe
Schwanz	siehe Muster	–

ANLEITUNG FÜR DIE GIRAFFE

Schnauze (beige)

Anfangsring: Einen Fadenring machen.

Runde 1: 6 fM in den Ring häkeln.

Runde 2: Je 2 fM in jd M. (12 M)

Runde 3: (1 fM in die nächste M, 2 fM in die nächste M) 6-mal. (18 M)

Runde 4: (Je 1 fM in die nächsten 2 M, 2 fM in die nächste M) 6-mal. (24 M)

Runde 5–6: Je 1 fM in jd M. (24 M)

Das Garn befestigen und einen langen Faden zum Zusammennähen stehenlassen.

Sticken Sie für die Nüstern mit Ihrer Sticknadel und dem braunen Garn einen Kreuzstich rechts und links auf die Schnauze. Platzieren Sie diese Stiche in Runde 4 der Schnauze.

Das Garn befestigen.

Ohren (2-mal in Gelb häkeln)

Anfangsring: Einen Fadenring machen.

Runde 1: 6 fM in den Ring häkeln.

Runde 2: Je 1 fM in jd M. (6 M)

Runde 3: Je 2 fM in jd M. (12 M)

Runde 4: Je 1 fM in jd M. (12 M)

Runde 5: (1 fM in die nächste M, 2 fM in die nächste M) 6-mal. (18 M)

Runde 6–7: Je 1 fM in jd M. (18 M)

Runde 8: (Je 1 fM in die nächsten 7 M, 2 fM zus häkeln) 2-mal. (16 M)

Runde 9: (Je 1 fM in die nächsten 6 M, 2 fM zus häkeln) 2-mal. (14 M)

Runde 10: (Je 1 fM in die nächsten 5 M, 2 fM zus häkeln) 2-mal. (12 M)

Die Ohren müssen nicht gefüllt werden.

Drücken Sie sie flach und nähen Sie sie zu. Das Garn befestigen und einen langen Faden zum Zusammennähen stehenlassen.

Horn (2-mal häkeln)

Anfangsring: Mit dem braunen Garn einen Fadenring machen.

Runde 1: 6 fM in den Ring häkeln.

Runde 2: Je 2 fM in jd M. (12 M)

Runde 3–5: Je 1 fM in jd M. (12 M)

Runde 6: (1 fM in die nächste M, 2 fM zus häkeln) 4-mal. (8 M)

Runde 7–10: Zum gelben Garn wechseln. Je 1 fM in jd M. (8 M)

Das Garn befestigen und einen langen Faden zum Zusammennähen stehenlassen.

Kopf (gelb)

Folgen Sie den Anweisungen für den Kopf des Teddybären Theo.

Zusammensetzen des Kopfes

Bringen Sie die Sicherheitsaugen zwischen Runde 14 und 15 mit 1 Masche Abstand dazwischen an.

Sticken Sie mit Ihrer Sticknadel und dem braunen Garn zwischen Runde 11 und 13 einen diagonalen Stich über jedes Auge, damit die Giraffe einen lustigeren Gesichtsausdruck bekommt. Sticken Sie jeden Stich über etwa 3 Häkelmaschen.

Nähen Sie die Hörner in der Mitte des Kopfs mit einem Abstand von 6 Maschen zwischen Runde 4 und 6 an.

Nähen Sie die Ohren zwischen Runde 9 und 14 am Kopf an.

Füllen Sie die Schnauze und nähen Sie sie zwischen Runde 16 und 24 am Kopf an.

GIRAFFE
KÖRPER

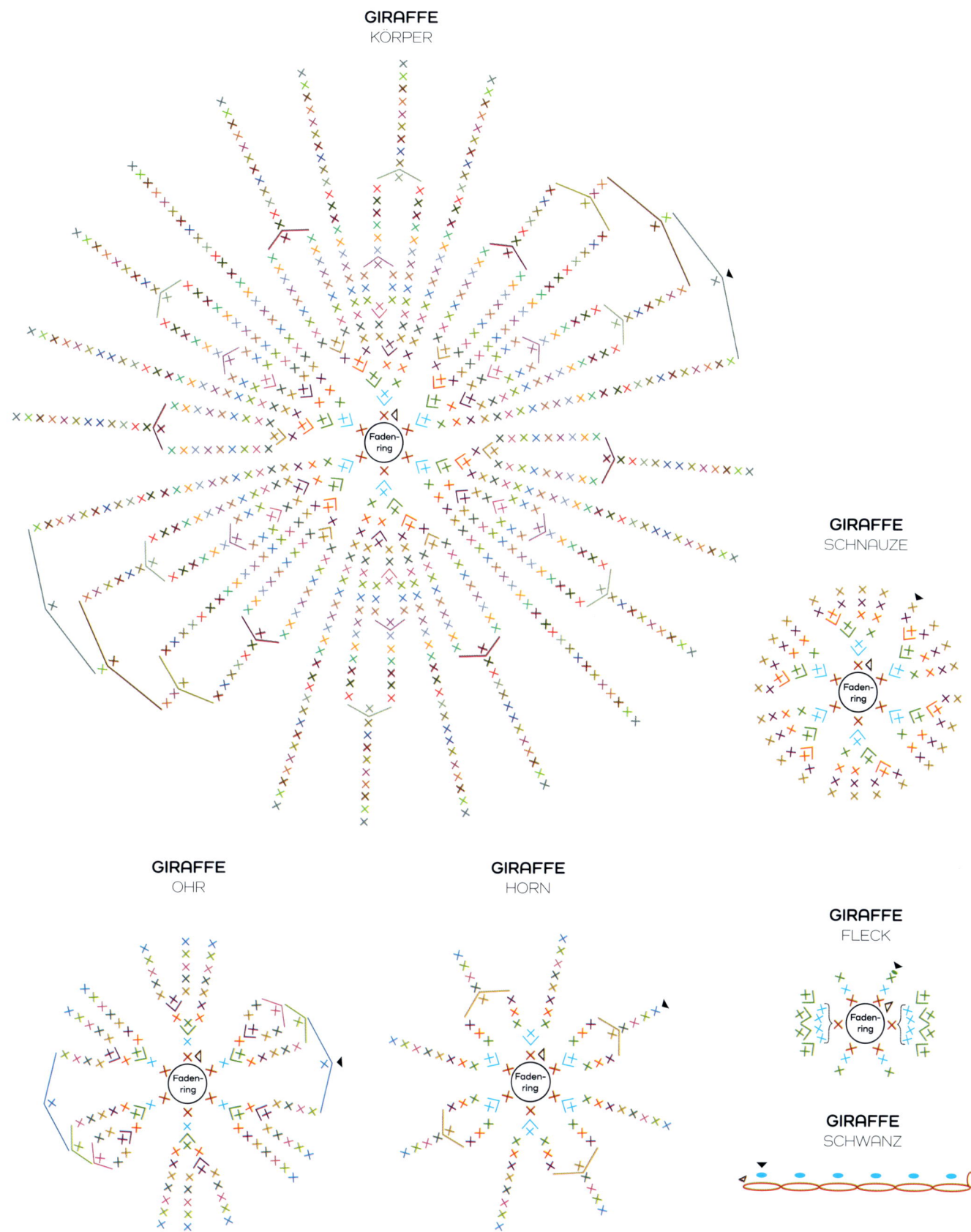

GIRAFFE
SCHNAUZE

GIRAFFE
OHR

GIRAFFE
HORN

GIRAFFE
FLECK

GIRAFFE
SCHWANZ

Flecken (4-mal in Braun häkeln)

Anfangsring: Einen Fadenring machen.

Runde 1: 6 fM in den Ring häkeln.

Runde 2: Je 1 fM in die nächsten 2 M, 4 fM in die nächste M, je 1 fM in die nächsten 2 M, 4 fM in die nächste M. (12 M)

Runde 3: Je 1 fM in die nächsten 2 M, je 2 fM in die nächsten 4 M, je 1 fM in die nächsten 2 M, je 2 fM in die nächsten 4 M. Die Rd mit 1 Km in die 1. fM dieser Rd beenden. (20 M)

Das Garn befestigen und einen langen Faden zum Zusammennähen stehenlassen.

Körper (gelb)

Anfangsring: Einen Fadenring machen.

Runde 1: 6 fM in den Ring häkeln.

Runde 2: Je 2 fM in jd M. (12 M)

Runde 3: (1 fM in die nächste M, 2 fM in die nächste M) 6-mal. (18 M)

Runde 4: (Je 1 fM in die nächsten 2 M, 2 fM in die nächste M) 6-mal. (24 M)

Runde 5: (1 fM in die nächste M, 2 fM in die nächste M, je 1 fM in die nächsten 2 M) 6-mal. (30 M)

Runde 6: (Je 1 fM in die nächsten 4 M, 2 fM in die nächste M) 6-mal. (36 M)

Runde 7: Je 1 fM in jd M. (36 M)

Runde 8: (Je 1 fM in die nächsten 2 M, 2 fM in die nächste M, je 1 fM in die nächsten 3 M) 6-mal. (42 M)

Runde 9–11: Je 1 fM in jd M. (42 M)

Runde 12: (Je 1 fM in die nächsten 2 M, 2 fM zus häkeln, je 1 fM in die nächsten 3 M) 6-mal. (36 M)

Runde 13–15: Je 1 fM in jd M. (36 M)

Runde 16: (Je 1 fM in die nächsten 4 M, 2 fM zus häkeln) 6-mal. (30 M)

Füllen Sie den Körper mit Stofftierfüllung und fahren Sie während des Häkelns mit dem Füllen fort.

Runde 17–18: Je 1 fM in jd M. (30 M)

Runde 19: (1 fM in die nächste M, 2 fM zus häkeln, je 1 fM in die nächsten 2 M) 6-mal. (24 M)

Runde 20–22: Je 1 fM in jd M. (24 M)

Runde 23: (Je 1 fM in die nächsten 10 M, 2 fM zus häkeln) 2-mal. (22 M)

Runde 24–25: Je 1 fM in jd M. (22 M)

Runde 26: (Je 1 fM in die nächsten 9 M, 2 fM zus häkeln) 2-mal. (20 M)

Runde 27: Je 1 fM in jd M. (20 M)

Runde 28: (Je 1 fM in die nächsten 8 M, 2 fM zus häkeln) 2-mal. (18 M)

Das Garn befestigen und einen langen Faden zum Zusammennähen stehenlassen.

Nähen Sie die Flecken an beliebigen Stellen auf den Körper auf.

Schwanz (gelb)

Das Garn am Rücken des Körpers in Runde 9 einhäkeln und 7 Lm häkeln.

Reihe 1: Mit der 2. Lm von der Nadel beginnen und je 1 Km in die nächsten 6 M häkeln.

Das Garn befestigen.

Machen Sie drei Haare aus dem braunen Garn und folgen Sie dabei den Anweisungen des Abschnitts „Letzte Handgriffe".

Arme (2-mal häkeln)

Folgen Sie den Anweisungen für die Arme des Teddybären Theo mit folgenden Änderungen:

Runde 5: Nur ins dritte Maschenglied häkeln.

Runde 1–7: Braun.

Runde 8–19: Gelb.

Machen Sie die Finger, indem Sie den Anweisungen im Abschnitt „Letzte Handgriffe" folgen.

Beine (2-mal häkeln)

Folgen Sie den Anweisungen für das Bein des Teddybären Theo mit folgenden Änderungen:

Runde 5: Nur ins dritte Maschenglied häkeln.

Runde 1–7: Braun.

Runde 8–15: Gelb.

Machen Sie die Zehen, indem Sie den Anweisungen im Abschnitt „Letzte Handgriffe" folgen.

Drücken Sie die Beine flach und nähen Sie sie zu. Das Garn befestigen und einen langen Faden zum Zusammennähen stehenlassen.

Zusammensetzen des Stofftiers

Nähen Sie den Kopf am Körper an.

Nähen Sie je einen Arm zwischen Runde 20 und 21 an einer Seite des Körpers an.

Nähen Sie die Beine links und rechts am Körper zwischen Runde 8 und 9 an.

ANLEITUNG FÜR DAS GIRAFFENSCHNUFFELTUCH

Schnauze (beige)

Folgen Sie den Anweisungen für die Schnauze der Giraffe Sefra.

Ohren (2-mal in Gelb häkeln)

Folgen Sie den Anweisungen für das Ohr der Giraffe Sefra.

Horn (2-mal häkeln)

Folgen Sie den Anweisungen für das Horn der Giraffe Sefra.

Kopf (gelb)

Folgen Sie den Anweisungen für den Kopf des Teddybärenschnuffeltuchs.

Zusammensetzen des Kopfes

Folgen Sie den Anweisungen zum Zusammensetzen des Kopfes der Giraffe Sefra.

Nehmen Sie den Kopf, weben Sie den Faden durch jede der restlichen Maschen und ziehen Sie sie fest zu. Lassen Sie einen langen Faden zum Zusammennähen stehen.

Arme (2-mal häkeln)

Folgen Sie den Anweisungen für die Arme der Giraffe Sefra, fügen Sie jedoch folgende Runden in Gelb hinzu:

Runde 20–21: Je 1 fM in jd M. (11 M)

Flecken (4-mal in Braun häkeln)

Folgen Sie den Anweisungen für die Flecken der Giraffe Sefra, aber verwenden Sie eine Häkelnadel der Stärke 5 mm

------

Anmerkung: Nähen Sie die Flecken sorgfältig auf das Schnuffeltuch auf, sodass man die Stiche auf der Rückseite nicht sehen kann.

Decke

Häkeln Sie die Strukturdecke in den folgenden Farben:

Runde 1–21: Gelb.

Runde 22–25: Braun.

Zusammensetzen des Schnuffeltuchs

Nähen Sie den Kopf in der Mitte der Decke an, sodass der Kopf zu einer der Ecken schaut.

Nähen Sie die Arme an der Decke an, direkt seitlich unter dem Kopf.

Nähen Sie die Flecken beliebig auf die Decke auf.

Nilpferd
Kenai

Schwierigkeitsgrad
Fortgeschritten

Sie benötigen
- Kammgarn: Grau, Hellrosa und Schwarz
- Häkelnadel (4 mm)
- Maschenmarkierer
- Sticknadel
- Stofftierfüllung
- Amigurumi-Sicherheitsaugen (12 mm)
- Schere

Verwendete Maschen
Lm, fM, Stb, hStb, Bm aus 3 Stb, Km, 2 fM zus häkeln

Größe bei Fertigstellung
Nilpferd: ca. 28 cm groß
Nilpferdeschnuffeltuch: ca. 33 x 33 cm

LEITFADEN ZUM HÄKELN

MUSTER	NILPFERD	NILPFERDESCHNUFFELTUCH
Kopf	gleich wie für Teddybär	gleich wie für Teddybärenschnuffeltuch
Körper	gleich wie für Teddybär	–
Arm	gleich wie für Teddybär	gleich wie für Teddybärenschnuffeltuch
Bein	gleich wie für Teddybär	–
Ohr	gleich wie für Nashorn	gleich wie für Nashorn
Schnauze	siehe Muster	gleich wie für Nilpferd
Herz	siehe Muster	–

Nilpferddame Kenai liebt es, Puzzles zusammenzusetzen. Sie springt vor Freude in die Luft, wenn sie ein Teil an seinen Platz legt.

ANLEITUNG FÜR DAS NILPFERD

Ohren (je 2-mal in Grau und in Hellrosa häkeln)

Folgen Sie den Anweisungen für das Ohr des Nashorns Roy.

Stellen Sie die zusammengesetzten Ohren zusammen, indem Sie den Anweisungen im Abschnitt „Letzte Handgriffe" folgen und für jedes Ohr ein graues und ein hellrosafarbenes Teil verwenden.

Schnauze (Grau)

Anfangsring: Einen Fadenring machen.

Runde 1: 6 fM in den Ring häkeln.

Runde 2: Je 2 fM in jd M. (12 M)

Runde 3: (1 fM in die nächste M, 2 fM in die nächste M) 6-mal. (18 M)

Runde 4: (Je 1 fM in die nächsten 2 M, 2 fM in die nächste M) 6-mal. (24 M)

Runde 5: (1 fM in die nächste M, 2 fM in die nächste M, je 1 fM in die nächsten 2 M) 6-mal. (30 M)

Runde 6: Je 1 fM in jd M. (30 M)

Runde 7: Je 1 fM in die nächsten 10 M, 1 Bm aus 3 Stb in die nächste M, 1 Lm, je 1 fM in die nächsten 4 M, 1 Bm aus 3 Stb in die nächste M, 1 Lm, je 1 fM in die nächsten 14 M. (30 M – die 2 Lm zählen nicht)

Runde 8–9: Je 1 fM in jd M. (30 M)

Das Garn befestigen und einen langen Faden zum Zusammennähen stehenlassen.

Kopf (Grau)

Folgen Sie den Anweisungen für den Kopf des Teddybären Theo.

Zusammensetzen des Kopfes

Bringen Sie die Sicherheitsaugen zwischen Runde 11 und 12 mit einem Abstand von 2 Maschen an.

Sticken Sie mit Ihrer Sticknadel und dem schwarzen Garn zwischen Runde 8 und 10 einen schwarzen Stich über jedes Auge, damit das Nilpferd einen lustigeren Gesichtsausdruck bekommt. Sticken Sie jeden Stich über etwa 3 Häkelmaschen.

Nähen Sie die Ohren zwischen Runde 7 und 9 am Kopf an.

Füllen Sie die Schnauze und nähen Sie sie zwischen Runde 13 und 23 am Kopf an.

Körper (Grau)

Folgen Sie den Anweisungen für den Körper des Teddybären Theo.

Arme (2-mal häkeln)

Folgen Sie den Anweisungen für die Arme des Teddybären in den folgenden Farben:

Runde 1–4: Hellrosa.

Runde 5–19: Grau.

Beine (2-mal häkeln)

Folgen Sie den Anweisungen für das Bein des Teddybären Theo in den folgenden Farben:

Runde 1–4: Hellrosa.

Runde 5–15: Grau.

Herz (hellrosa)

Anfangsring: Einen Fadenring machen.

Runde 1: 3 Lm, 3 Stb, 2 hStb, 1 fM, 2 Lm, 1 fM, 2 hStb, 3 Stb, 2 Lm, 1 Km in den Ring. Das Garn befestigen und einen langen Faden zum Zusammennähen stehenlassen.

Zusammensetzen des Stofftiers

Nähen Sie den Kopf am Körper an.

Nähen Sie je einen Arm zwischen Runde 20 und 21 an einer Seite des Körpers an.

Nähen Sie die Beine links und rechts am Körper zwischen Runde 4 und 6 an.

Nähen Sie das Herz zwischen Runde 8 und 12 ein wenig rechts von der Mitte am Körper an.

ANEITUNG FÜR DAS NILPFERDESCHNUFFELTUCH

OhRen (je 2-mal in Grau und im HellRosa häkeln)

Folgen Sie den Anweisungen für das Ohr des Nilpferds Kenai.

Schnauze (Grau)

Folgen Sie den Anweisungen für die Schnauze des Nilpferds Kenai.

Kopf (Grau)

Folgen Sie den Anweisungen für den Kopf des Teddybärenschnuffeltuchs.

Zusammensetzen des Kopfes

Folgen Sie den Anweisungen zum Zusammensetzen des Kopfes des Nilpferds Kenai.

Nehmen Sie den Kopf und weben Sie den Faden durch jede der restlichen Maschen und ziehen Sie sie fest zu. Lassen Sie einen langen Faden zum Zusammennähen stehen.

ARme (2-mal häkeln)

Folgen Sie den Anweisungen für die Arme des Teddybärenschnuffeltuchs in den folgenden Farben:

Runde 1–4: Hellrosa.

Runde 5–21: Grau.

Decke

Häkeln Sie die Karodecke in den folgenden Farben:

Ungerade Runden: Grau.

Gerade Runden: Hellrosa.

Zusammensetzen des Schnuffeltuchs

Nähen Sie den Kopf in der Mitte der Decke an, sodass er zu einer der Ecken schaut. Nähen Sie die Arme an der Decke an, direkt seitlich unter dem Kopf.

NILPFERD
HERZ

NILPFERD
SCHNAUZE

Frosch
Luke

Schwierigkeitsgrad

Fortgeschritten

Sie benötigen

- Kammgarn: Grün, Türkis, Weiß und Schwarz
- Häkelnadel (4 mm)
- Maschenmarkierer
- Sticknadel
- Stofftierfüllung
- Amigurumi-Sicherheitsaugen (12 mm)
- Schere

Verwendete Maschen

Lm, fM, Km, 2 fM zus häkeln

Größe bei Fertigstellung

Frosch: ca. 30 cm groß, Ohren mitgerechnet

Froschschnuffeltuch: ca. 37 x 37 cm

LEITFADEN ZUM HÄKELN

MUSTER	FROSCH	FROSCH-SCHNUFFELTUCH
Kopf	gleich wie für Teddybär	gleich wie für Teddybärenschnuffeltuch
Körper	gleich wie für Teddybär	–
Arm	siehe Muster	gleich wie für Frosch
Bein	siehe Muster	–
Auge	siehe Muster	gleich wie für Frosch
Fuß	siehe Muster	–

Luke springt am liebsten zwischen den schönen Seerosenblättern herum, die in seinem Teich wachsen.

ANLEITUNG FÜR DEN FROSCH

Augen (2-mal in Weiß häkeln)

Anfangsring: Einen Fadenring machen.

Runde 1: 6 fM in den Ring häkeln.

Runde 2: Je 2 fM in jd M. (12 M)

Runde 3: (Je 1 fM in die nächsten 3 M, 2 fM in die nächste M) 3-mal. (15 M)

Runde 4–5: Je 1 fM in jd M. (15 M)

Das Garn befestigen und einen langen Faden zum Zusammennähen stehenlassen.

Kopf (grün)

Folgen Sie den Anweisungen für den Kopf des Teddybären Theo.

Zusammensetzen des Kopfes

Bringen Sie die Sicherheitsaugen zwischen Runde 4 und 5 an den Augen an.

Die Augen füllen und zwischen Runde 2 und 7 mit einem Abstand von 2 Maschen dazwischen am Kopf annähen.

Für den Mund sticken Sie einen geraden Stich über etwa 6 Häkelmaschen und einen diagonalen Stich über etwa 5 Maschen sowie einen weiteren kleinen geraden Stich über 2 Maschen. Sticken Sie den Mund zwischen Runde 11 und 15 des Kopfs auf und lassen Sie ihn ruhig ein bisschen schief werden, damit der Frosch einen lustigeren Gesichtsausdruck bekommt.

Körper (grün)

Folgen Sie den Anweisungen für den Körper des Teddybären Theo.

Arme (2-mal häkeln)

Die Arme werden in geschlossenen Runden und nicht in einer durchgehenden Spirale gehäkelt, damit das Streifenmuster gerade wird (siehe Abschnitt „Grundtechniken").

Anfangsring: Mit dem grünen Garn einen Fadenring machen.

Runde 1: 6 fM in den Ring häkeln.

Runde 2: Je 2 fM in jd M. (12 M)

Runde 3: (1 fM in die nächste M, 2 fM in die nächste M) 6-mal. (18 M)

Runde 4–8: Je 1 fM in jd M. (18 M)

Runde 9: (1 fM in die nächste M, 2 fM zus häkeln) 6-mal. (12 M)

Runde 10: Je 1 fM in jd M. (12 M)

Runde 11–12: Zum türkisen Garn wechseln. Je 1 fM in jd M. (12 M)

Runde 13–14: Zum grünen Garn wechseln. Je 1 fM in jd M. (12 M)

Runde 15–16: Zum türkisen Garn wechseln. Je 1 fM in jd M. (12 M)

Runde 17–18: Zum grünen Garn wechseln. Je 1 fM in jd M. (12 M)

Runde 19–20: Zum türkisen Garn wechseln. Je 1 fM in jd M. (12 M)

Runde 21–22: Zum grünen Garn wechseln. Je 1 fM in jd M. (12 M)

Runde 23–24: Zum türkisen Garn wechseln. Je 1 fM in jd M. (12 M)

Runde 25–26: Zum grünen Garn wechseln. Je 1 fM in jd M. (12 M)

Die Arme füllen, flachdrücken und zunähen. Das Garn befestigen und einen langen Faden zum Zusammennähen stehenlassen.

Füße (2-mal in Grün häkeln)

Anfangsring: Einen Fadenring machen.

Runde 1: 6 fM in den Ring häkeln.

Runde 2: Je 2 fM in jd M. (12 M)

Runde 3: Je 1 fM in jd M. (12 M)

Runde 4: (1 fM in die nächste M, 2 fM in die nächste M) 6-mal. (18 M)

Runde 5: Je 1 fM in jd M. (18 M)

Runde 6: (Je 1 fM in die nächsten 2 M, 2 fM in die nächste M) 6-mal. (24 M)

Runde 7–12: Je 1 fM in jd M. (24 M)

Drücken Sie den Fuß flach und häkeln Sie die nächste Runde, indem Sie in die entsprechenden Maschen von beiden Seiten des Fußes häkeln, um ihn zu schließen.

Runde 13: (Die nächste M ausl, 5 Stb in die nächste M, die nächste M ausl, 1 Km in die nächste M) 3-mal. (18 M)

Das Garn befestigen.

Beine (2-mal häkeln)

Die Beine werden in geschlossenen Runden und nicht in einer durchgehenden Spirale gehäkelt, damit das Streifenmuster gerade wird (siehe Abschnitt „Grundtechniken").

Anfangsreihe: Mit dem grünen Garn 12 Lm häkeln und mit 1 Km zu einem Ring schließen. Lassen Sie am Anfang der Arbeit einen langen Faden stehen. Häkeln Sie in den restlichen Runden je 1 fM in jd M in den folgenden Farben (12 M):

Runde 1–2: Grün.

Runde 3–4: Türkis.

Runde 5–6: Grün.

Runde 7–8: Türkis.

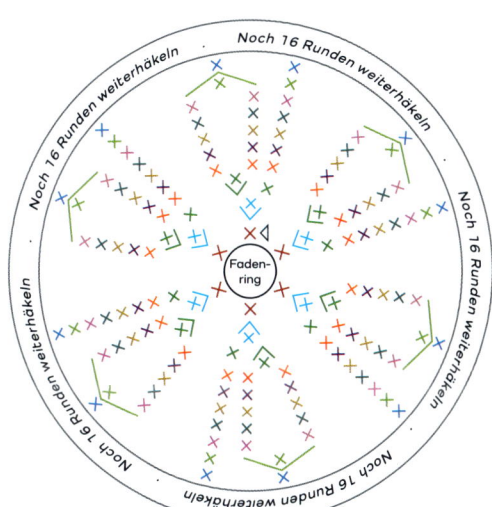

Runde 9–10: Grün.

Runde 11–12: Türkis.

Runde 13–14: Grün.

Runde 15–16: Türkis.

Runde 17–18: Grün.

Das Bein füllen, das Garn befestigen und einen langen Faden zum Zusammennähen stehenlassen

FROSCH
BEIN

Zusammensetzen des Fußes

Platzieren Sie das Bein auf dem Fuß zwischen Runde 1 und 5 und nähen Sie es fest.

Das Garn befestigen.

Zusammensetzen des Stofftiers

Nähen Sie den Kopf am Körper an.

Nähen Sie je einen Arm zwischen Runde 20 und 21 an einer Seite des Körpers an.

Nähen Sie die Beine unten am Körper zwischen Runde 2 und 5 an.

ANLEITUNG FÜR DAS FROSCHSCHNUFFELTUCH

FROSCH
FUSS

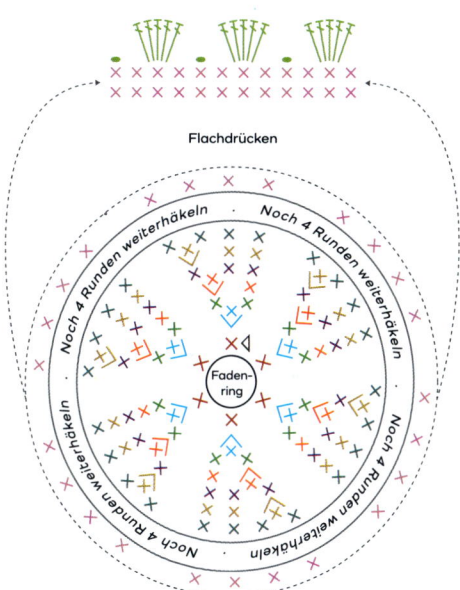

Augen (2-mal in Weiß häkeln)

Folgen Sie den Anweisungen für das Auge des Froschs Luke.

Kopf (grün)

Folgen Sie den Anweisungen für den Kopf des Teddybärenschnuffeltuchs.

Zusammensetzen des Kopfes

Folgen Sie den Anweisungen zum Zusammensetzen des Kopfes des Froschs Luke.

Nehmen Sie den Kopf, weben Sie den Faden durch jede der restlichen Maschen und ziehen Sie sie fest zu. Lassen Sie einen langen Faden zum Zusammennähen stehen.

Arme (2-mal häkeln)

Folgen Sie den Anweisungen für die Arme des Froschs Luke.

Decke

Häkeln Sie die Karodecke in den folgenden Farben:

Ungerade Runden: Grün.

Gerade Runden: Türkis.

Zusammensetzen des Schnuffeltuchs

Nähen Sie den Kopf in der Mitte der Decke an, sodass er zu einer der Ecken schaut. Nähen Sie die Arme an der Decke an, direkt seitlich unter dem Kopf.

FROSCH
AUGE

Schäfchen
Zoe

Schwierigkeitsgrad

Fortgeschritten

Sie benötigen

- Kammgarn: Beige, Dunkelbraun und Schwarz
- Sehr dickes Garn: Weiß
- Häkelnadel (4 mm)
- Häkelnadel (5 mm)
- Maschenmarkierer
- Sticknadel
- Stofftierfüllung
- Amigurumi-Sicherheitsaugen (12 mm)
- Schere

Verwendete Maschen

Lm, fM, Km, 2 fM zus häkeln

Größe bei Fertigstellung

Schäfchen: ca. 27 cm groß, Ohren mitgerechnet

Schäfchenschnuffeltuch: ca. 30 x 30 cm

LEITFADEN ZUM HÄKELN

MUSTER	SCHÄFCHEN	SCHÄFCHEN-SCHNUFFELTUCH
Kopf	gleich wie für Teddybär	gleich wie für Teddybärenschnuffeltuch
Körper	siehe Muster	–
Arm	gleich wie für Teddybär	gleich wie für Teddybärenschnuffeltuch
Bein	gleich wie für Teddybär	–
Ohr	gleich wie für Rentier	gleich wie für Rentier
Haare	siehe Muster	gleich wie für Schaf
Schwanz	siehe Muster	–

Schäfchen Zoe ist sehr herzlich. Sie umarmt und küsst ihre Freunde ohne Unterlass.

ANLEITUNG FÜR DAS SCHÄFCHEN

Ohren (2-mal in Beige häkeln)

Folgen Sie den Anweisungen für das Ohr des Rentiers Klausi.

Haare (sehr dickes, weißes Garn)

Anfangsring: Mit der 5 mm großen Häkelnadel einen Fadenring machen. Sie müssen eventuell Ihre Nadelgröße anpassen, wenn Ihr Garn zu dick ist, um es mit einer 5-mm-Nadel zu verhäkeln.

Runde 1: 6 fM in den Ring häkeln.

Runde 2: Je 2 fM in jd M. (12 M)

Runde 3: (1 fM in die nächste M, 2 fM in die nächste M) 6-mal. (18 M)

Runde 4: (Je 1 fM in die nächsten 2 M, 2 fM in die nächste M) 6-mal. (24 M)

Runde 5: (1 fM in die nächste M, 2 fM in die nächste M, je 1 fM in die nächsten 2 M) 6-mal. (30 M)

Runde 6: (Je 1 fM in die nächsten 4 M, 2 fM in die nächste M) 6-mal. (36 M)

Runde 7: (Je 1 fM in die nächsten 2 M, 2 fM in die nächste M, je 1 fM in die nächsten 3 M) 6-mal. (42 M)

Runde 8-11: Je 1 fM in jd M. (42 M)

Das Garn befestigen und einen langen Faden zum Zusammennähen stehenlassen.

Anmerkung: Sie können jedes Effektgarn mit Struktur für die Haare verwenden, wobei Sie je nach Garn verschiedene Ergebnisse erzielen.

Kopf (beige)

Folgen Sie den Anweisungen für den Kopf des Teddybären Theo.

Zusammensetzen des Kopfes

Bringen Sie die Sicherheitsaugen zwischen Runde 13 und 14 mit 3 Maschen Abstand an.

Sticken Sie mit Ihrer Sticknadel und dem schwarzen Garn zwischen Runde 11 und 13 einen schwarzen Stich über jedes Auge, damit das Schaf einen lustigeren Gesichtsausdruck bekommt. Sticken Sie jeden Stich über etwa 3 Häkelmaschen.

Für die Nase sticken Sie einen großen, v-förmigen Stich mit dem dunkelbraunen Garn zwischen Runde 17 und 19 des Kopfs auf. Dann sticken Sie einen etwa 4 Maschen langen Stich nach unten. Für den Mund einen kleinen Stich rechts und links aufsticken.

Nähen Sie die Haare zwischen Runde 9 und 24 am Kopf an.

Nähen Sie die Ohren zwischen Runde 9 und 11 am Haar an.

Schwanz

(sehr dickes, weißes Garn)

Anfangsring: Mit der 5 mm großen Häkelnadel einen Fadenring machen.

Runde 1: 6 fM in den Ring häkeln.

Runde 2: Je 2 fM in jd M. (12 M)

Runde 3: Je 1 fM in jd M. (12 M)

Den Schwanz leicht füllen. Das Garn befestigen und einen langen Faden zum Zusammennähen stehenlassen.

Körper (sehr dickes, weißes Garn)

Anfangsring: Mit der 5 mm großen Häkelnadel einen Fadenring machen.

Runde 1: 6 fM in den Ring häkeln.

Runde 2: Je 2 fM in jd M. (12 M)

Runde 3: (1 fM in die nächste M, 2 fM in die nächste M) 6-mal. (18 M)

Runde 4: (Je 1 fM in die nächsten 2 M, 2 fM in die nächste M) 6-mal. (24 M)

Runde 5: (1 fM in die nächste M, 2 fM in die nächste M, je 1 fM in die nächsten 2 M) 6-mal. (30 M)

Runde 6-8: Je 1 fM in jd M. (30 M)

Runde 9: (Je 1 fM in die nächsten 3 M, 2 fM zus häkeln) 6-mal. (24 M)

Runde 10-11: Je 1 fM in jd M. (24 M)

Runde 12: (Je 1 fM in die nächsten 2 M, 2 fM zus häkeln) 6-mal. (18 M)

Runde 13: Je 1 fM in jd M. (18 M)

Den Körper füllen. Das Garn befestigen und einen langen Faden zum Zusammennähen stehenlassen.

Den Schwanz zwischen Runde 5 und 6 hinten am Körper annähen.

Arme (2-mal häkeln)

Folgen Sie den Anweisungen für die Arme des Teddybären Theo mit folgenden Änderungen:

Runde 5: Nur ins dritte Maschenglied häkeln.

Runde 1-7: Dunkelbraun.

Runde 8-19: Beige.

Machen Sie die Finger, indem Sie den Anweisungen im Abschnitt „Letzte Handgriffe" folgen.

Beine (2-mal häkeln)

Folgen Sie den Anweisungen für das Bein des Teddybären Theo mit folgenden Änderungen:

Runde 5: Nur ins dritte Maschenglied häkeln.

Runde 1-7: Dunkelbraun.

Runde 8-15: Beige.

Machen Sie die Zehen, indem Sie den Anweisungen im Abschnitt „Letzte Handgriffe" folgen.

Zusammensetzen des Stofftiers

Nähen Sie den Kopf am Körper an.

Nähen Sie je einen Arm zwischen Runde 20 und 21 an eine Seite des Körpers.

Nähen Sie die Beine zwischen Runde 2 und 3 unten am Körper an.

ANLEITUNG FÜR DAS SCHÄFCHENSCHNUFFELTUCH

Ohren (2-mal in Beige häkeln)

Folgen Sie den Anweisungen für das Ohr des Rentiers Klausi.

Haare (weißes, dickes Garn)

Folgen Sie den Anweisungen für das Haar des Schäfchens Zoe.

Kopf (beige)

Folgen Sie den Anweisungen für den Kopf des Teddybärenschnuffeltuchs.

Zusammensetzen des Kopfes

Folgen Sie den Anweisungen zum Zusammensetzen des Kopfes des Schäfchens Zoe.

Nehmen Sie den Kopf, weben Sie den Faden durch jede der restlichen Maschen und ziehen Sie sie fest zu. Lassen Sie einen langen Faden zum Zusammennähen stehen.

Arme (2-mal häkeln)

Folgen Sie den Anweisungen für die Arme des Schäfchens Zoe und fügen Sie folgende Runden in Beige hinzu:

Runde 20–21: Je 1 fM in jd M. (11 M)

Decke (sehr dickes, weißes Garn)

Häkeln Sie wie für die Granny-Decke, verwenden Sie dabei aber bis Runde 8 eine 5 mm starke Häkelnadel.

Runde 9: Je 1 Km in die nächsten 2 Stb, 1 Km in den nächsten Lm-Bg aus 2 Lm an der Ecke, 3 Lm (zählen als 1. Stb), 5 Stb, die nächste M ausl, 1 Km in die nächste M, die nächste M ausl, [[3 Stb in den nächsten Lm-Bg, die nächste M ausl, 1 Km in die nächste M, die nächste M ausl) 7-mal, 6 Stb in den nächsten Lm-Bg aus 2 Lm an der Ecke, die nächste M ausl, 1 Km in die nächste M, die nächste M ausl] 3-mal. (3 Stb in den nächsten Lm-Bg, die nächste M ausl, 1 Km in die nächste M, die nächste M ausl) 7-mal. Die Rd mit 1 Km auf die 3 Anfangs-Lm schließen.

Das Garn befestigen.

Zusammensetzen des Schnuffeltuchs

Nähen Sie den Kopf in der Mitte der Decke an, sodass er zu einer der Ecken schaut. Nähen Sie die Arme an der Decke an, direkt seitlich unter dem Kopf.

SCHÄFCHEN
SCHWANZ

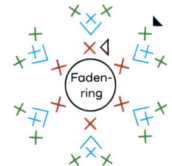

SCHÄFCHEN
HAARE

SCHÄFCHEN
KÖRPER

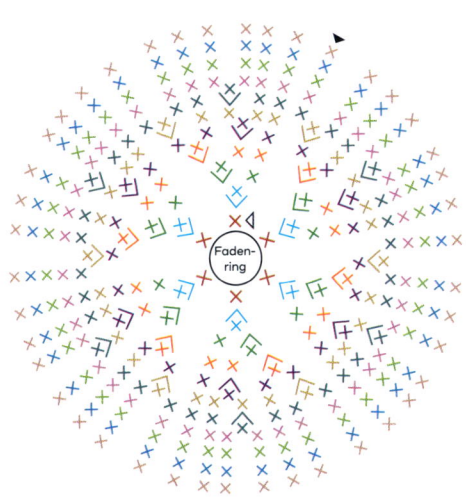

Pandadame
Chen Lu

Schwierigkeitsgrad
Fortgeschritten

Sie benötigen
- Kammgarn: Weiß, Schwarz und Pink
- Häkelnadel (4 mm)
- Maschenmarkierer
- Sticknadel
- Stofftierfüllung
- Amigurumi-Sicherheitsaugen (12 mm)
- Schere

Verwendete Maschen
Lm, fM, DStb, Km, 2 fM zus häkeln

Größe bei Fertigstellung
Pandadame: ca. 25 cm groß, Ohren mitgerechnet

Pandaschnuffeltuch: ca. 40 cm Durchmesser

LEITFADEN ZUM HÄKELN

MUSTER	PANDADAME	PANDASCHNUFFELTUCH
Kopf	gleich wie für Teddybär	gleich wie für Teddybärenschnuffeltuch
Körper	gleich wie für Teddybär	–
Arm	gleich wie für Teddybär	gleich wie für Teddybärenschnuffeltuch
Bein	gleich wie für Teddybär	–
Fleck	gleich wie für Giraffe	gleich wie für Giraffe
Schnauze	siehe Muster	gleich wie für Panda
Ohr	siehe Muster	gleich wie für Panda
Schleife	siehe Muster	gleich wie für Panda

Pandadame Chen Lu liebt es,
zu Reisen und Tiere
aus aller Welt zu treffen.

ANLEITUNG FÜR DIE PANDADAME

Flecken für die Augen

(2-mal in Schwarz häkeln)

Folgen Sie den Anweisungen für die Flecken der Giraffe Sefra.

Schnauze (weiß)

Dieser Teil wird in geschlossenen Runden gehäkelt. Schlagen Sie im Abschnitt „Grundtechniken" für Anweisungen nach.

Anfangsring: Einen Fadenring machen.

Runde 1: 6 fM in den Ring häkeln.

Runde 2: Je 1 fM in die nächsten 2 M, 4 fM in die nächste M, je 1 fM in die nächsten 2 M, 4 fM in die nächste M. (12 M)

Runde 3: Je 1 fM in die nächsten 2 M, (1 fM in die nächste M, 2 fM in die nächste M) 2-mal, je 1 fM in die nächsten 2 M, (1 fM in die nächste M, 2 fM in die nächste M) 2-mal. (16 M)

Runde 4: Je 1 fM in die nächsten 2 M, (je 1 fM in die nächsten 2 M, 2 fM in die nächste M) 2-mal, je 1 fM in die nächsten 2 M, (je 1 fM in die nächsten 2 M, 2 fM in die nächste M) 2-mal. (20 M)

Runde 5–6: Je 1 fM in jd M. (20 M)

Das Garn befestigen und einen langen Faden zum Zusammennähen stehenlassen.

Für die Nase sticken Sie einige Stiche mit dem schwarzen Garn in Dreiecksform zwischen Reihe 3 und 5 in die Mitte der Schnauze auf. Dann sticken Sie einen langen Stich die Nase hinunter, etwa 4 Maschen lang.

Ohren (2-mal in Schwarz häkeln)

Anfangsring: Einen Fadenring machen.

Runde 1: 6 fM in den Ring häkeln.

Runde 2: Je 2 fM in jd M. (12 M)

Runde 3: (1 fM in die nächste M, 2 fM in die nächste M) 6-mal. (18 M)

Runde 4: (Je 1 fM in die nächsten 2 M, 2 fM in die nächste M) 6-mal. (24 M)

Runde 5–7: Je 1 fM in jd M. (24 M)

Runde 8: (Je 1 fM in die nächsten 2 M, 2 fM zus häkeln) 6-mal. (18 M)

Die Ohren müssen nicht gefüllt werden. Drücken Sie sie flach und nähen Sie sie zu. Das Garn befestigen und einen langen Faden zum Zusammennähen stehenlassen.

Schleife (Pink)

Anfangsring: Einen Fadenring machen.

Runde 1: (3 Lm, 4 DStb, 3 Lm, 1 Km) 2-mal in den Ring häkeln.

Das Garn befestigen und einen langen Faden zum Zusammennähen stehenlassen.

Kopf (weiß)

Folgen Sie den Anweisungen für den Kopf des Teddybären Theo.

Zusammensetzen des Kopfes

Nähen Sie die Flecken für die Augen zwischen Runde 8 und 14 am Kopf an. Bringen Sie sie mit 2 Maschen Abstand dazwischen mittig an. Platzieren Sie jeden Fleck leicht schräg nach unten und nach außen.

Bringen Sie die Sicherheitsaugen zwischen Runde 2 und 3 der Flecken an der Innenseite an.

Füllen Sie die Schnauze und nähen Sie sie zwischen Runde 19 und 25 am Kopf an.

Nähen Sie die Ohren zwischen Runde 3 und 10 am Kopf an. Bringen Sie sie bündig mit 6 Maschen Abstand oben am Kopf an.

Nähen Sie die Schleife zwischen den Ohren auf dem Kopf an.

Körper

Folgen Sie den Anweisungen für den Körper des Teddybären Theo in den folgenden Farben:

Runde 1–18: Weiß.

Runde 19–22: Schwarz.

Sticken Sie mit dem schwarzen Garn einen Kreuzstich auf den Bauch. Platzieren Sie diesen in der Mitte zwischen Runde 8 und 9.

Arme (2-mal in Schwarz häkeln)

Folgen Sie den Anweisungen für die Arme des Teddybären Theo.

Beine (2-mal in Schwarz häkeln)

Folgen Sie den Anweisungen für das Bein des Teddybären Theo mit den folgenden Änderungen:

Drücken Sie die Beine flach und nähen Sie sie zu. Das Garn befestigen und einen langen Faden zum Zusammennähen stehenlassen.

Zusammensetzen des Stofftiers

Nähen Sie den Kopf am Körper an.

Nähen Sie je einen Arm zwischen Runde 20 und 21 an einer Seite des Körpers an.

Nähen Sie die Beine zwischen Runde 7 und 8 seitlich am Körper an.

ANLEITUNG FÜR DAS PANDASCHNUFFELTUCH

Flecken für die Augen

(2-mal in schwarz häkeln)

Folgen Sie den Anweisungen für die Flecken der Pandadame Chen Lu.

Schnauze (weiß)

Folgen Sie den Anweisungen für die Schnauze der Pandadame Chen Lu.

Ohren (2-mal in schwarz häkeln)

Folgen Sie den Anweisungen für das Ohr der Pandadame Chen Lu.

Schleife (Pink)

Folgen Sie den Anweisungen für die Schleife der Pandadame Chen Lu.

Kopf (weiß)

Folgen Sie den Anweisungen für den Kopf des Teddybärenschnuffeltuchs.

Zusammensetzen des Kopfes

Folgen Sie den Anweisungen zum Zusammensetzen des Kopfes der Pandadame Chen Lu.

Nehmen Sie den Kopf, weben Sie den Faden durch jede der restlichen Maschen und ziehen Sie sie fest zu. Lassen Sie einen langen Faden zum Zusammennähen stehen.

Arme (2-mal in schwarz häkeln)

Folgen Sie den Anweisungen für die Arme des Teddybärenschnuffeltuchs.

Decke

Häkeln Sie die Spitzendecke in den folgenden Farben:

Runde 1–5: Schwarz.

Runde 6–15: Weiß.

Zusammensetzen des Schnuffeltuchs

Nähen Sie den Kopf in der Mitte der Decke an, sodass er zu einer der Ecken schaut.

Nähen Sie die Arme an der Decke an, direkt seitlich unter dem Kopf.

Kuh
Trude

Schwierigkeitsgrad
Fortgeschritten

Sie benötigen
- Kammgarn: Weiß, Braun, Hellrosa, Beige und Schwarz
- Häkelnadel (4 mm)
- Maschenmarkierer
- Sticknadel
- Stofftierfüllung
- Amigurumi-Sicherheitsaugen (12 mm)
- Schere

Verwendete Maschen
Lm, fM, Km, Bm aus 4 Stb, 2 fM zus häkeln

Größe bei Fertigstellung
Kuh: ca. 27 cm groß, Hörner mitgerechnet
Kuhschnuffeltuch: ca. 30 x 33 cm

LEITFADEN ZUM HÄKELN

MUSTER	KUH	KUHSCHNUFFELTUCH
Kopf	gleich wie für Teddybär	gleich wie für Teddybärenschnuffeltuch
Körper	gleich wie für Teddybär	–
Ohr	gleich wie für Rentier	gleich wie für Rentier
Bein	gleich wie für Teddybär	–
Schnauze	siehe Muster	gleich wie für Kuh
Kleines Horn	gleich wie für Nashorn	gleich wie für Nashorn
Fleck	gleich wie für Giraffe	gleich wie für Giraffe
Arm	gleich wie für Teddybär	gleich wie für Teddybärenschnuffeltuch
Schwanz	siehe Muster	–

Kuh Trude isst liebend gern frisches, grünes Gras. Davon bekommt sie ein schönes, glänzendes Fell.

ANLEITUNG FÜR DIE KUH

Ohren (je 1-mal in Weiß und im Braun häkeln)

Folgen Sie den Anweisungen für das Ohr des Rentiers Klausi.

Kleines Horn

(2-mal in Beige häkeln)

Folgen Sie den Anweisungen für das kleine Horn des Nashorns Roy.

Schnauze (hellrosa)

Anfangsring: Einen Fadenring machen.

Runde 1: 6 fM in den Ring häkeln.

Runde 2: Je 2 fM in jd M. (12 M)

Runde 3: (1 fM in die nächste M, 2 fM in die nächste M) 6-mal. (18 M)

Runde 4: (Je 1 fM in die nächsten 2 M, 2 fM in die nächste M) 6-mal. (24 M)

Runde 5: (1 fM in die nächste M, 2 fM in die nächste M, je 1 fM in die nächsten 2 M) 6-mal. (30 M)

Runde 6: Je 1 fM in jd M. (30 M)

Runde 7: Je 1 fM in die nächsten 10 M, 1 Bm aus 4 Stb in die nächste M, 1 Lm, je 1 fM in die nächsten 4 M, 1 Bm aus 4 Stb in die nächste M, 1 Lm, je 1 fM in die nächsten 14 M. (30 M – die 2 Lm nicht mitgezählt)

Runde 8–9: Je 1 fM in jd M. (30 M)

Das Garn befestigen und einen langen Faden zum Zusammennähen stehenlassen.

Flecken (4-mal in Braun häkeln)

Folgen Sie den Anweisungen für die Flecken der Giraffe Sefra.

Kopf (weiß)

Folgen Sie den Anweisungen für den Kopf des Teddybären Theo.

Zusammensetzen des Kopfes

Bringen Sie die Sicherheitsaugen zwischen Runde 11 und 12 mit einem Abstand von 2 Maschen an.

Sticken Sie mit Ihrer Sticknadel und dem schwarzen Garn zwischen Runde 8 und 11 einen schwarzen Stich über jedes Auge, damit die Kuh einen lustigeren Gesichtsausdruck bekommt. Sticken Sie jeden Stich über etwa 4 Häkelmaschen.

Nähen Sie die kleinen Hörner zwischen Runde 4 und 6 mit 6 Maschen Abstand am Kopf an.

Nähen Sie die Ohren zwischen Runde 7 und 13 am Kopf an.

Füllen Sie die Schnauze und nähen Sie sie am Kopf zwischen Runde 13 und 23 an.

Nähen Sie einen Fleck zwischen Runde 4 und 11 an den Kopf, sodass er an einer Seite über der Augenbraue sitzt.

Körper (weiß)

Folgen Sie den Anweisungen für den Körper des Teddybären Theo.

Nähen Sie 3 Flecken beliebig auf den Körper auf.

Schwanz (weiß)

Hinten am Körper in Runde 9 das Garn einhäkeln. 11 Lm häkeln.

Reihe 1: In der 2. Lm von der Nadel beginnen, je 1 Km in die nächsten 10 M häkeln und das Garn befestigen.

Machen Sie 3 Haare mit dem braunen Garn und folgen Sie dafür den Anweisungen im Abschnitt „Letzte Handgriffe".

KUH
SCHNAUZE

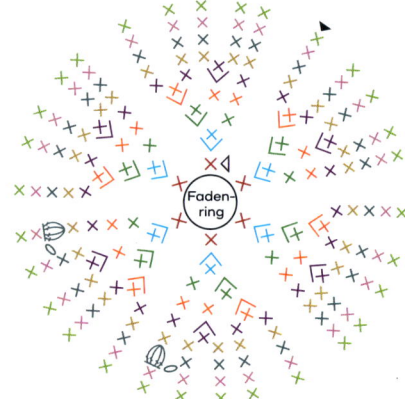

KUH
SCHWANZ

ANLEITUNG FÜR DAS KUHSCHNUFFELTUCH

Arme (2-mal häkeln)

Folgen Sie den Anweisungen für die Arme des Teddybären Theo mit den folgenden Änderungen:

Runde 5: Nur ins dritte Maschenglied häkeln.

Runde 1–7: Braun.

Runde 8–19: Weiß.

Machen Sie die Finger, indem Sie den Anweisungen im Abschnitt „Letzte Handgriffe" folgen.

Beine (2-mal häkeln)

Folgen Sie den Anweisungen für das Bein des Teddybären Theo mit folgenden Änderungen:

Runde 5: Nur ins dritte Maschenglied häkeln.

Runde 1–7: Braun.

Runde 8–15: Weiß.

Machen Sie die Zehen, indem Sie den Anweisungen im Abschnitt „Letzte Handgriffe" folgen.

Zusammensetzen des Stofftiers

Nähen Sie den Kopf am Körper an.

Nähen Sie je einen Arm zwischen Runde 20 und 21 an einer Seite des Körpers an.

Nähen Sie die Beine unten am Körper zwischen Runde 3 und 6 an.

Ohren (je 1-mal in Weiß und in Braun häkeln)

Folgen Sie den Anweisungen für das Ohr des Rentiers Klausi.

Kleine Hörner (beige)

Folgen Sie den Anweisungen für das kleine Horn des Nashorns Roy.

Schnauze (hellrosa)

Folgen Sie den Anweisungen für die Schnauze der Kuh Trude.

Kopf (weiß)

Folgen Sie den Anweisungen für den Kopf des Teddybärenschnuffeltuchs.

Zusammensetzen des Kopfes

Folgen Sie den Anweisungen zum Zusammensetzen des Kopfes der Kuh Trude.

Nehmen Sie den Kopf, weben Sie den Faden durch jede der restlichen Maschen und ziehen Sie sie fest zu. Lassen Sie einen langen Faden zum Zusammennähen stehen.

Arme (2-mal häkeln)

Folgen Sie den Anweisungen für die Arme der Kuh Trude, fügen Sie aber folgende Runden in Weiß hinzu:

Runde 20–21: Je 1 fM in jd M. (11 M)

Flecken (3-mal in Braun häkeln)

Folgen Sie den Anweisungen für die Flecken der Giraffe Sefra, verwenden Sie aber eine 5-mm-Häkelnadel.

Decke

Häkeln Sie die Strukturdecke in den folgenden Farben:

Runde 1–21: Weiß.

Runde 22–25: Braun.

Zusammensetzen des Schnuffeltuchs

Nähen Sie den Kopf in der Mitte der Decke an, sodass er zu einer der Ecken schaut.

Nähen Sie die Arme an der Decke an, direkt seitlich unter dem Kopf.

Die Flecken beliebig auf die Decke aufnähen.

Ente
SuSi

Schwierigkeitsgrad
Fortgeschritten

Sie benötigen
- Kammgarn: Gelb, Orange, Türkis und Schwarz
- Häkelnadel (4 mm)
- Maschenmarkierer
- Sticknadel
- Stofftierfüllung
- Amigurumi-Sicherheitsaugen (12 mm)
- Schere

Verwendete Maschen
Lm, fM, Stb, Km, 2 fM zus häkeln

Größe bei Fertigstellung
Ente: ca. 25 cm groß, Schleife mitgerechnet
Entenschnuffeltuch: ca. 35 cm Durchmesser

LEITFADEN ZUM HÄKELN

MUSTER	ENTE	ENTENSCHNUFFELTUCH
Schnabel	siehe Muster	gleich wie für Ente
Schleife	siehe Muster	gleich wie für Ente
Kopf	gleich wie für Teddybär	gleich wie für Teddybärenschnuffeltuch
Körper	gleich wie für Teddybär	–
Flügel	siehe Muster	siehe Muster
Bein	siehe Muster	–
Fuß	siehe Muster	–

Es gibt nichts, was Susi lieber mag, als mit ihren Freunden im Wasser zu Planschen.

ANLEITUNG FÜR DIE ENTE

Schnabel (orange)

Anfangsring: Einen Fadenring machen.

Runde 1: 6 fM in den Ring häkeln.

Runde 2: Je 2 fM in jd M. (12 M)

Runde 3: (1 fM in die nächste M, 2 fM in die nächste M) 6-mal. (18 M)

Runde 4: (Je 1 fM in die nächsten 2 M, 2 fM in die nächste M) 6-mal. (24 M)

Runde 5: Je 1 fM in jd M. (24 M)

Der Schnabel muss nicht gefüllt werden. Drücken Sie ihn flach und nähen Sie ihn zu. Das Garn befestigen und einen langen Faden zum Zusammennähen stehenlassen.

Schleife (türkis)

Anfangsring: Einen Fadenring machen.

Runde 1: (3 Lm, 3 Stb, 2 Lm, 1 Km) 2-mal in den Ring häkeln.

Zum Fertigstellen der Schleife schlingen Sie ein Stück türkises Garn einige Male um die Mitte. Das Garn befestigen und einen langen Faden zum späteren Annähen stehenlassen.

Kopf (gelb)

Folgen Sie den Anweisungen für den Kopf des Teddybären Theo.

Zusammensetzen des Kopfes

Bringen Sie die Sicherheitsaugen zwischen Runde 16 und 17 mit einem Abstand von 4 Maschen an.

Sticken Sie mit einer Sticknadel und schwarzem Garn zwischen Runde 13 und 15 einen diagonalen Stich über jedes Auge.

Nähen Sie den Schnabel direkt unter den Augen am Kopf an und drücken Sie ihn nach oben, damit er seine Form erhält.

Nähen Sie die Schleife oben in Runde 2 auf dem Kopf der Ente an.

Bringen Sie 3 Haare aus gelbem Garn in Runde 1 mit der im Abschnitt „Letzte Handgriffe" beschriebenen Technik am Kopf an.

Körper (gelb)

Folgen Sie den Anweisungen für den Körper des Teddybären Theo.

Flügel (2-mal in Gelb häkeln)

Anfangsring: Einen Fadenring machen.

Runde 1: 6 fM in den Ring häkeln.

Runde 2: (1 fM in die nächste M, 2 fM in die nächste M) 3-mal. (9 M)

Runde 3: (Je 1 fM in die nächsten 2 M, 2 fM in die nächste M) 3-mal. (12 M)

Runde 4: (1 fM in die nächste M, 2 fM in die nächste M, je 1 fM in die nächsten 2 M) 3-mal. (15 M)

Runde 5: (Je 1 fM in die nächsten 4 M, 2 fM in die nächste M) 3-mal. (18 M)

Runde 6: (Je 1 fM in die nächsten 2 M, 2 fM in die nächste M, je 1 fM in die nächsten 3 M) 3-mal. (21 M)

Runde 7-9: Je 1 fM in jd M. (21 M)

Runde 10: (Je 1 fM in die nächsten 2 M, 2 fM zus häkeln, je 1 fM in die nächsten 3 M) 3-mal. (18 M)

Runde 11: Je 1 fM in jd M. (18 M)

Runde 12: (Je 1 fM in die nächsten 4 M, 2 fM zus häkeln) 3-mal. (15 M)

Runde 13: Je 1 fM in jd M. (15 M)

Runde 14: (1 fM in die nächste M, 2 fM zus häkeln, je 1 fM in die nächsten 2 M) 3-mal. (12 M)

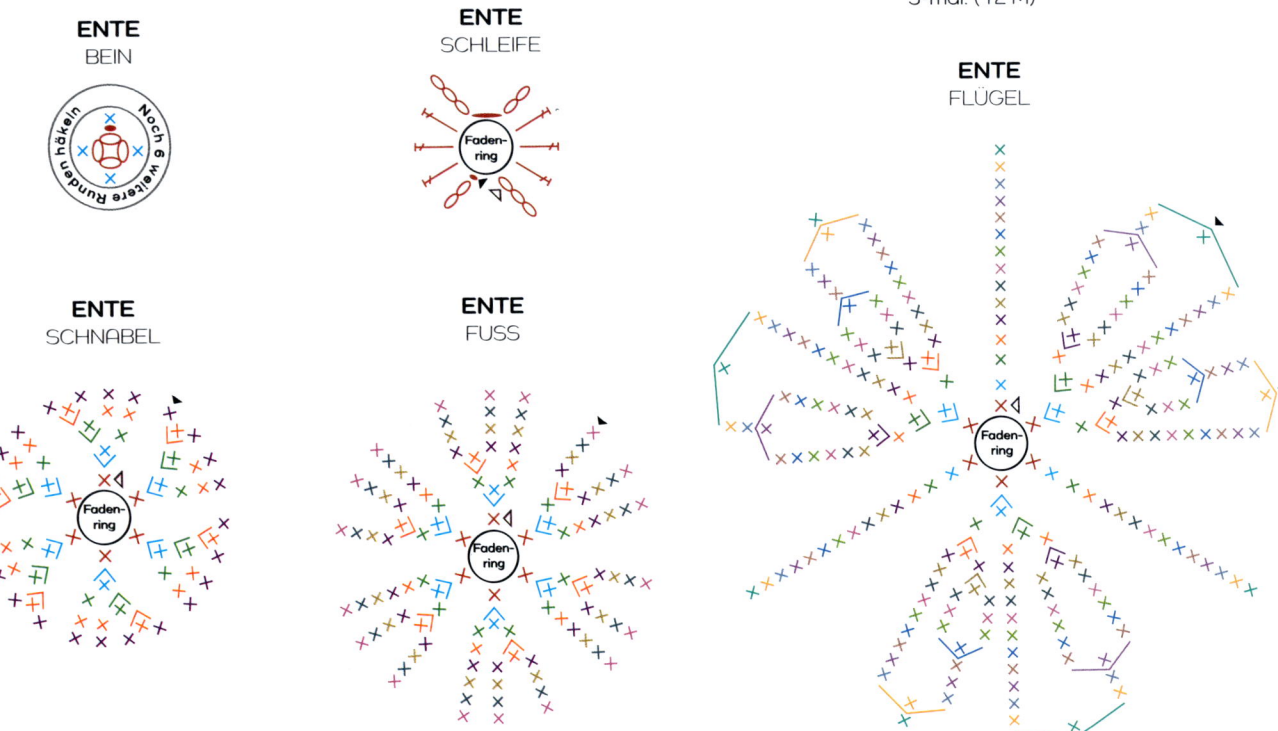

ENTE BEIN

ENTE SCHLEIFE

ENTE FLÜGEL

ENTE SCHNABEL

ENTE FUSS

ANLEITUNG FÜR DAS ENTENSCHNUFFELTUCH

Runde 15: (Je 1 fM in die nächsten 2 M, 2 fM zus häkeln) 3-mal. (9 M)

Die Flügel müssen nicht gefüllt werden. Drücken Sie sie flach und nähen Sie sie zu. Das Garn befestigen und einen langen Faden zum Zusammennähen stehenlassen.

Beine (2-mal in Orange häkeln)

Anschlagsreihe: 4 Lm häkeln. Die Rd mit 1 Km schließen. Am Reihenanfang einen langen Faden stehenlassen.

Runde 1–7: Je 1 fM in alle 4 M. (4 M)

Das Bein leicht füllen. Das Garn befestigen und einen langen Faden zum Zusammennähen stehenlassen.

Fuß (2-mal in Orange häkeln)

Anfangsring: Einen Fadenring machen.

Runde 1: 6 fM in den Ring häkeln.

Runde 2: Je 2 fM in jd M. (12 M)

Runde 3: Je 1 fM in jd M. (12 M)

Runde 4: (1 fM in die nächste M, 2 fM in die nächste M) 6-mal. (18 M)

Runde 5–8: Je 1 fM in jd M. (18 M)

Die Füße flachdrücken (nicht füllen) und zunähen. Das Garn befestigen.

Zusammensetzen des Fußes

Das Bein zwischen Runde 1 und 3 auf den Fuß stellen und fest annähen (Foto 1). Das Garn befestigen.

Zusammensetzen des Stofftiers

Nähen Sie den Kopf am Körper an.

Nähen Sie die Flügel seitlich zwischen Runde 20 und 21 am Körper an.

Nähen Sie die Beine unten am Körper zwischen Runde 2 und 4 an.

1

Schnabel (orange)

Folgen Sie den Anweisungen für den Schnabel der Ente Susi.

Schleife (türkis)

Folgen Sie den Anweisungen für die Schleife der Ente Susi.

Kopf (gelb)

Folgen Sie den Anweisungen für den Kopf des Teddybärenschnuffeltuchs.

Zusammensetzen des Kopfes

Folgen Sie den Anweisungen zum Zusammensetzen des Kopfes der Ente Susi.

Nehmen Sie den Kopf, weben Sie den Faden durch jede der restlichen Maschen und ziehen Sie sie fest zu. Lassen Sie einen langen Faden zum Zusammennähen stehen.

Flügel (2-mal in Gelb häkeln)

Bis Runde 9 gleich häkeln wie für Ente Susi.

Runde 10–11: Je 1 fM in jd M. (21 M)

Runde 12: (Je 1 fM in die nächsten 2 M, 2 fM zus häkeln, je 1 fM in die nächsten 3 M) 3-mal. (18 M)

Runde 13: Je 1 fM in jd M. (18 M)

Runde 14: (Je 1 fM in die nächsten 4 M, 2 fM zus häkeln) 3-mal. (15 M)

Runde 15: Je 1 fM in jd M. (15 M)

Runde 16: (1 fM in die nächste M, 2 fM zus häkeln, je 1 fM in die nächsten 2 M) 3-mal. (12 M)

Runde 17: (Je 1 fM in die nächsten 2 M, 2 fM zus häkeln) 3-mal. (9 M)

Die Flügel müssen nicht gefüllt werden. Drücken Sie sie flach und nähen Sie sie zu. Das Garn befestigen und einen langen Faden zum Zusammennähen stehenlassen.

Decke

Häkeln Sie die Runde Decke in den folgenden Farben:

Runde 1–12: Gelb.

Runde 13: Orange.

Zusammensetzen des Schnuffeltuchs

Nähen Sie den Kopf in der Mitte der Decke an.

Nähen Sie die Arme an der Decke an, je einen an jeder Seite des Kopfs.

ENTENSCHNUFFELTUCH
FLÜGEL

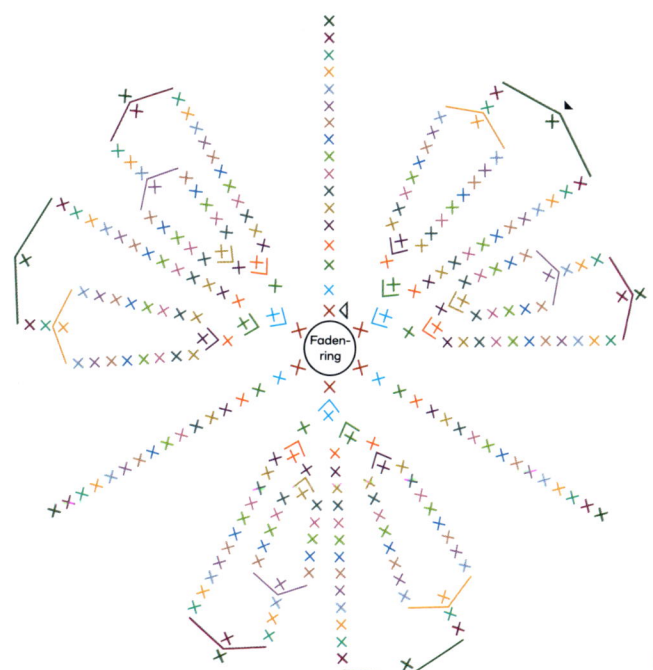

Schweinchen

Hansi

Schwierigkeitsgrad

Fortgeschritten

Sie benötigen

- Kammgarn: Hellrosa, Pink, Blau und Schwarz
- Häkelnadel (4 mm)
- Maschenmarkierer
- Sticknadel
- Stofftierfüllung
- Amigurumi-Sicherheitsaugen (12 mm)
- Holzknopf
- Schere

Verwendete Maschen

Lm, fM, Km, 2 fM zus häkeln, Km aufhäkeln

Größe bei Fertigstellung

Schweinchen: ca. 28 cm groß, Ohren mitgerechnet

Schweineschnuffeltuch: ca. 40 x 40 cm

LEITFADEN ZUM HÄKELN

MUSTER	SCHWEINCHEN	SCHWEINCHENSCHNUFFELTUCH
Kopf	gleich wie für Teddybär	gleich wie für Teddybärenschnuffeltuch
Körper	gleich wie für Teddybär	–
Arm	gleich wie für Teddybär	gleich wie für Teddybärenschnuffeltuch
Bein	gleich wie für Teddybär	–
Ohr	siehe Muster	gleich wie für Schweinchen
Schnauze	siehe Muster	gleich wie für Schweinchen
Schwanz	siehe Muster	–

Schweinchen Hansi will sich
ein Häuschen bauen, aber er
weiß noch nicht, ob er es
aus Stroh, Holz oder Ziegeln
errichten soll.

ANLEITUNG FÜR DAS SCHWEINCHEN

Schnauze (Pink)

Anfangsring: Einen Fadenring machen.

Runde 1: 6 fM in den Ring häkeln.

Runde 2: Je 2 fM in jd M. (12 M)

Runde 3: (1 fM in die nächste M, 2 fM in die nächste M) 6-mal. (18 M)

Runde 4: (Je 1 fM in die nächsten 2 M, 2 fM in die nächste M) 6-mal. (24 M)

Runde 5: (1 fM in die nächste M, 2 fM in die nächste M, je 1 fM in die nächsten 2 M) 6-mal. (30 M)

Runde 6-7: Je 1 fM in jd M. (30 M)

Das Garn befestigen und einen langen Faden zum Zusammennähen stehenlassen.

Verwenden Sie hellrosa Garn und eine Sticknadel, um die Nasenlöcher im Kreuzstich an jeder Seite der Schnauze aufzusticken. Bringen Sie diese Stiche zwischen Runde 4 und 5 der Schnauze an. Das Garn befestigen.

Ohren (2-mal in Pink häkeln)

Anfangsring: Einen Fadenring machen.

Runde 1: 6 fM in den Ring häkeln.

Runde 2: (1 fM in die nächste M, 2 fM in die nächste M) 3-mal. (9 M)

Runde 3: (Je 1 fM in die nächsten 2 M, 2 fM in die nächste M) 3-mal. (12 M)

Runde 4: (1 fM in die nächste M, 2 fM in die nächste M, je 1 fM in die nächsten 2 M) 3-mal. (15 M)

Runde 5: (Je 1 fM in die nächsten 4 M, 2 fM in die nächste M) 3-mal. (18 M)

Runde 6: Je 1 fM in jd M. (18 M)

Runde 7: (Je 1 fM in die nächsten 8 M, 2 fM in die nächste M) 2-mal. (20 M)

Runde 8: Je 1 fM in jd M. (20 M)

Runde 9: (Je 1 fM in die nächsten 9 M, 2 fM in die nächste M) 2-mal. (22 M)

Runde 10-11: Je 1 fM in jd M. (22 M)

Die Ohren müssen nicht gefüllt werden. Drücken Sie sie flach und nähen Sie sie zu. Falten Sie die Ohrspitze ein bisschen nach vorne und nähen Sie sie mit einem kleinen Stich fest, damit sie die Form behält (Foto 1). Das Garn befestigen und einen langen Faden zum Zusammennähen stehenlassen (Foto 2).

Kopf (hellrosa)

Folgen Sie den Anweisungen für den Kopf des Teddybären Theo.

Zusammensetzen des Kopfes

Bringen Sie die Sicherheitsaugen zwischen Runde 12 und 13 mit 1 Masche Abstand an.

Sticken Sie mit Ihrer Sticknadel und dem schwarzen Garn zwischen Runde 9 und 12 einen schwarzen Stich über jedes Auge, damit das Schweinchen einen lustigeren Gesichtsausdruck bekommt. Sticken Sie jeden Stich über etwa 4 Häkelmaschen.

Nähen Sie die Ohren zwischen Runde 3 und 12 am Kopf an. Platzieren Sie sie bündig mit 6 Maschen Abstand oben am Kopf.

Füllen Sie die Schnauze und nähen Sie sie zwischen Runde 14 und 25 am Kopf an.

Schwanz (hellrosa)

Anschlagsreihe: 7 Lm häkeln.

Reihe 1: In der 2. Lm von der Nadel beginnen und je 3 fM in die nächsten 5 M, 1 Km in die nächste M.

Das Garn befestigen.

Körper

Folgen Sie den Anweisungen für den Körper des Teddybären Theo in den folgenden Farben:

Runde 1-15: Blau.

Runde 16-22: Hellrosa.

Nähen Sie den Schwanz mittig in Runde 7 am Körper an.

Details des Körpers

Das blaue Garn zwischen Runde 15 und 16 einhäkeln und auf jede der 30 M eine Km aufhäkeln. Das Garn befestigen.

Arme (2-mal häkeln)

Folgen Sie den Anweisungen für die Arme des Teddybären Theo mit folgenden Änderungen:

Runde 5: Nur ins dritte Maschenglied häkeln.

Runde 1-7: Pink.

Runde 8-19: Hellrosa.

Machen Sie die Finger, indem Sie den Anweisungen im Abschnitt „Letzte Handgriffe" folgen.

ANLEITUNG FÜR DAS SCHWEINCHENSCHNUFFELTUCH

Beine (2-mal häkeln)

Folgen Sie den Anweisungen für das Bein des Teddybären Theo mit folgenden Änderungen:

Runde 5: Nur ins dritte Maschenglied häkeln.

Runde 1–7: Pink.

Runde 8–15: Hellrosa.

Machen Sie die Zehen, indem Sie den Anweisungen im Abschnitt „Letzte Handgriffe" folgen.

Zusammensetzen des Stofftiers

Nähen Sie den Kopf am Körper an.

Nähen Sie je einen Arm zwischen Runde 20 und 21 an einer Seite des Körpers an.

Nähen Sie die Beine unten am Körper zwischen Runde 2 und 5 an.

Letzte Details

Häkeln Sie einen Gurt aus blauem Garn, indem Sie 44 Lm häkeln. Die 1. und die letzte Lm mit 1 Km verbinden. Das Ende in Runde 15 hinten an den Körper nähen. Nähen Sie dann einen Holzknopf vorne an den Körper, ebenfalls in Runde 15. Den Gurt diagonal über die Schulter um den Knopf schlingen.

Schnauze (Pink)

Folgen Sie den Anweisungen für die Schnauze des Schweinchens Hansi.

Ohren (2-mal in Pink häkeln)

Folgen Sie den Anweisungen für das Ohr des Schweinchens Hansi.

Kopf (hellrosa)

Folgen Sie den Anweisungen für den Kopf des Teddybärenschnuffeltuchs.

Zusammensetzen des Kopfes

Folgen Sie den Anweisungen zum Zusammensetzen des Kopfes des Schweinchens Hansi.

Nehmen Sie den Kopf, weben Sie den Faden durch jede der restlichen Maschen und ziehen Sie sie fest zu. Lassen Sie einen langen Faden zum Zusammennähen stehen.

Arme (2-mal häkeln)

Folgen Sie den Anweisungen für die Arme des Schweinchens Hansi, fügen Sie aber die folgenden Runden in Hellrosa hinzu:

Runde 20–21: Je 1 fM in jd M. (11 M)

Decke

Häkeln Sie die Spitzendecke in den folgenden Farben:

Runde 1–11: Hellrosa.

Runde 12: Pink.

Runde 13: Blau.

Runde 14–15: Pink.

Zusammensetzen des Schnuffeltuchs

Nähen Sie den Kopf in der Mitte der Decke an, sodass das Schweinchen zu einer der Spitzen schaut.

Nähen Sie die Arme an jeder Seite des Kopfs an der Decke an.

SCHWEINCHEN
SCHWANZ

1

2

SCHWEINCHEN
OHR

SCHWEINCHEN
SCHNAUZE

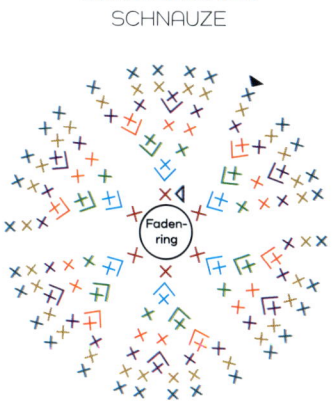

Rentier
Klausi

Schwierigkeitsgrad

Fortgeschritten

Sie benötigen

- Kammgarn: Beige, Rot, Dunkelbraun, Grün, Weiß und Schwarz
- Häkelnadel (4 mm)
- Häkelnadel (5 mm)
- Maschenmarkierer
- Sticknadel
- Stofftierfüllung
- Amigurumi-Sicherheitsaugen (12 mm)
- 1 Schneeflockenknopf
- Schere

Verwendete Maschen

Lm, fM, Km, 2 fM zus häkeln

Größe bei Fertigstellung

Rentier: ca. 27 cm groß, Geweih mitgerechnet

Rentierschnuffeltuch: ca. 33 x 33 cm

LEITFADEN ZUM HÄKELN

MUSTER	RENTIER	RENTIERSCHNUFFELTUCH
Kopf	siehe Muster	gleich wie für Rentier
Körper	gleich wie für Teddybär	–
Arm	gleich wie für Teddybär	gleich wie für Teddybärenschnuffeltuch
Bein	gleich wie für Teddybär	–
Großes Geweih	siehe Muster	gleich wie für Rentier
Kleines Geweih	siehe Muster	gleich wie für Rentier
Ohr	siehe Muster	gleich wie für Rentier
Nase	siehe Muster	gleich wie für Rentier
Schal	siehe Muster	–

In kalten
Winternächten triffst
du Klausi nie ohne
seinen kuscheligen
Schal.

ANLEITUNG FÜR DAS RENTIER

Nase (Rot)

Anschlagsreihe: 5 Lm.

Die Maschen werden entlang beider Seiten der Anschlagsreihe gehäkelt.

Runde 1: In der 2. Lm von der Nadel beginnen, je 1 fM in die nächsten 3 M, 3 fM in die letzte M. Auf der anderen Seite der Anschlagsreihe weiterhäkeln, je 1 fM in die nächsten 2 M, 2 fM in die nächste M. (10 M)

Runde 2: 2 fM in die nächste M, je 1 fM in die nächsten 2 M, je 2 fM in die nächsten 3 M, je 1 fM in die nächsten 2 M, je 2 fM in die nächsten 2 M. (16 M)

Runde 3–4: Je 1 fM in jd M. (16 M)

Das Garn befestigen und einen langen Faden zum Zusammennähen stehenlassen.

Ohren (2-mal in Beige häkeln)

Anfangsring: Einen Fadenring machen.

Runde 1: 6 fM in den Ring häkeln.

Runde 2: Je 1 fM in jd M. (6 M)

Runde 3: Je 2 fM in jd M. (12 M)

Runde 4: (1 fM in die nächste M, 2 fM in die nächste M) 6-mal. (18 M)

Runde 5: Je 1 fM in jd M. (18 M)

Runde 6: (Je 1 fM in die nächsten 5 M, 2 fM in die nächste M) 3-mal. (21 M)

Runde 7–8: Je 1 fM in jd M. (21 M)

Runde 9: (Je 1 fM in die nächsten 5 M, 2 fM zus häkeln) 3-mal. (18 M)

Runde 10: (1 fM in die nächste M, 2 fM zus häkeln) 6-mal. (12 M)

Runde 11: Je 1 fM in jd M. (12 M)

Die Ohren müssen nicht gefüllt werden. Drücken Sie sie flach und nähen Sie sie zu. Das Garn befestigen und einen langen Faden zum Zusammennähen stehenlassen.

Kleines Geweih

(4-mal in Dunkelbraun häkeln)

Anfangsring: Einen Fadenring machen.

Runde 1: 6 fM in den Ring häkeln.

Runde 2: (1 fM in die nächste M, 2 fM in die nächste M) 3-mal. (9 M)

Runde 3–4: Je 1 fM in jd M. (9 M)

Das Garn befestigen und einen langen Faden zum Zusammennähen stehenlassen.

Großes Geweih

(2-mal in Dunkelbraun häkeln)

Anfangsring: Einen Fadenring machen.

Runde 1: 6 fM in den Ring häkeln.

Runde 2: (1 fM in die nächste M, 2 fM in die nächste M) 3-mal. (9 M)

Runde 3–10: Je 1 fM in jd M. (9 M)

Das Garn befestigen und einen langen Faden zum Zusammennähen stehenlassen.

Zusammensetzen des Geweihs

Nehmen Sie zwei kleine Geweihstücke und nähen Sie sie schräg an den Seiten eines großes Geweihs an. Bringen Sie das erste Geweih zwischen Runde 3 und 6, das zweite zwischen Runde 5 und 8 am Kopf an.

Kopf (beige)

Anfangsring: Einen Fadenring machen.

Runde 1: 6 fM in den Ring häkeln.

Runde 2: Je 2 fM in jd M. (12 M)

Runde 3: (1 fM in die nächste M, 2 fM in die nächste M) 6-mal. (18 M)

Runde 4: (Je 1 fM in die nächsten 2 M, 2 fM in die nächste M) 6-mal. (24 M)

Runde 5: (1 fM in die nächste M, 2 fM in die nächste M, je 1 fM in die nächsten 2 M) 6-mal. (30 M)

Runde 6–8: Je 1 fM in jd M. (30 M)

Runde 9: (Je 1 fM in die nächsten 4 M, 2 fM in die nächste M) 6-mal. (36 M)

Runde 10–11: Je 1 fM in jd M. (36 M)

Runde 12: (Je 1 fM in die nächsten 2 M, 2 fM in die nächste M, je 1 fM in die nächsten 3 M) 6-mal. (42 M)

Runde 13–14: Je 1 fM in jd M. (42 M)

Runde 15: (Je 1 fM in die nächsten 6 M, 2 fM in die nächste M) 6-mal. (48 M)

Runde 16–21: Je 1 fM in jd M. (48 M)

RENTIER
KOPF

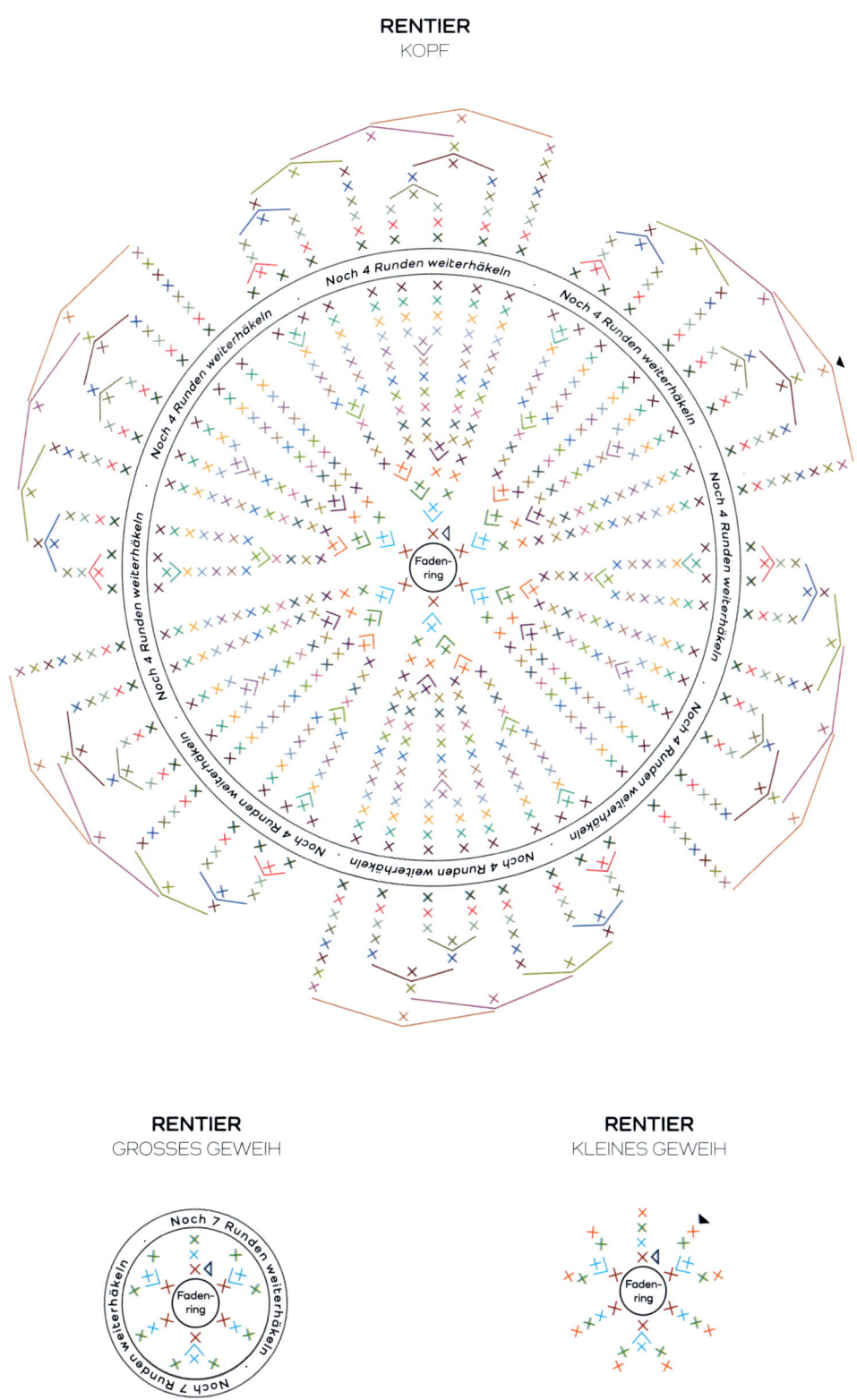

Noch 4 Runden weiterhäkeln
Faden-ring

RENTIER
GROSSES GEWEIH

Noch 7 Runden weiterhäkeln
Noch 7 Runden weiterhäkeln
Faden-ring

RENTIER
KLEINES GEWEIH

Faden-ring

Runde 22: (Je 1 fM in die nächsten 6 M, 2 fM zus häkeln) 6-mal. (42 M)

Runde 23: Je 1 fM in jd M. (42 M)

Füllen Sie den Kopf mit Stofftier-füllung und fahren Sie während des Häkelns mit dem Füllen fort.

Runde 24: (Je 1 fM in die nächsten 2 M, 2 fM zus häkeln, je 1 fM in die nächsten 3 M) 6-mal. (36 M)

Runde 25: (Je 1 fM in die nächsten 4 M, 2 fM zus häkeln) 6-mal. (30 M)

Runde 26: (1 fM in die nächste M, 2 fM zus häkeln, je 1 fM in die nächsten 2 M) 6-mal. (24 M)

Runde 27: (Je 1 fM in die nächsten 2 M, 2 fM zus häkeln) 6-mal. (18 M)

Runde 28: (1 fM in die nächste M, 2 fM zus häkeln) 6-mal. (12 M)

Runde 29: (2 fM zus häkeln) 6-mal. (6 M)

Das Garn befestigen und einen langen Faden zum Zusammennähen stehenlassen.

Zusammensetzen des Kopfes

Verleihen Sie den Augen mehr Spannung, indem Sie den Anweisungen im Abschnitt „Letzte Handgriffe" folgen.

Bringen Sie die Sicherheitsaugen zwischen Runde 11 und 12 mit 4 Maschen Abstand dazwischen an.

Sticken Sie mit Ihrer Sticknadel und dem schwarzen Garn zwischen Runde 14 und 15 einen schwarzen Stich über jedes Auge, damit das Rentier einen lustigeren Gesichtsausdruck bekommt. Sticken Sie jeden Stich über etwa 3 Häkelmaschen.

Füllen Sie die Nase und nähen Sie sie zwischen Runde 4 und 6 am Kopf an.

Nähen Sie das Geweih zwischen Runde 19 und 21 auf den Kopf auf. Bringen Sie es gleichmäßig in Position mit 9 Maschen Abstand dazwischen.

Nähen Sie die Ohren zwischen Runde 20 und 21 am Kopf an.

Nehmen Sie den Kopf, weben Sie den Faden durch jede der restlichen Maschen und ziehen Sie sie fest zu.

Körper (beige)

Folgen Sie den Anweisungen für den Körper des Teddybären Theo.

Arme (2-mal häkeln)

Folgen Sie den Anweisungen für die Arme des Teddybären Theo mit folgenden Änderungen:

Runde 5: Nur ins dritte Maschenglied häkeln.

Runde 1–7: dunkelbraun.

Runde 8–19: beige.

Machen Sie die Finger, indem Sie den Anweisungen im Abschnitt „Letzte Handgriffe" folgen.

Beine (2-mal häkeln)

Häkeln Sie wie für das Bein des Teddybären Theo mit folgenden Änderungen:

Runde 5: Nur ins dritte Maschenglied häkeln.

Runde 1–7: dunkelbraun.

Runde 8–15: beige.

Machen Sie die Zehen, indem Sie den Anweisungen im Abschnitt „Letzte Handgriffe" folgen.

Zusammensetzen des Stofftiers

Nähen Sie den Kopf am Körper an.

Nähen Sie die Arme seitlich zwischen Runde 20 und 21 am Körper an.

Nähen Sie die Beine zwischen Runde 2 und 5 unten am Körper an.

Schal (grün)

Anschlagsreihe: Mit einer 5-mm-Häkelnadel 6 Lm häkeln.

Reihe 1: In der 2. Lm von der Nadel beginnen und je 1 fM in die nächsten 5 M, 1 Lm, wenden. (5 M)

Reihe 2–68: Je 1 fM in jd M, 1 Lm und wenden. (5 M)

Das Garn befestigen.

Legen Sie dem Rentier den Schal um den Hals. Wenn Sie möchten, können Sie einen Schneeflockenknopf auf den Knoten nähen.

ANLEITUNG FÜR DAS RENTIERSCHNUFFELTUCH

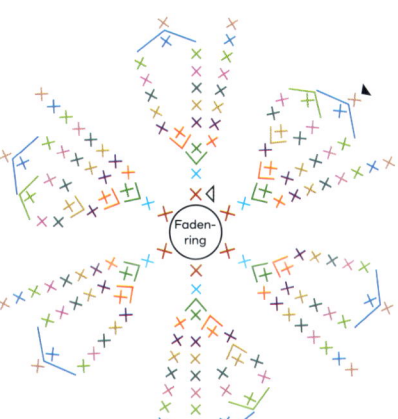

Nase (Rot)

Folgen Sie den Anweisungen für die Nase des Rentiers Klausi.

Ohren (2-mal in Beige häkeln)

Folgen Sie den Anweisungen für das Ohr des Rentiers Klausi.

Kleines Geweih

(4-mal in Dunkelbraun häkeln)

Folgen Sie den Anweisungen für das kleine Geweih des Rentiers Klausi.

Großes Geweih

(2-mal in Dunkelbraun häkeln)

Folgen Sie den Anweisungen für das große Geweih des Rentiers Klausi.

Zusammensetzen des Geweihs

Folgen Sie den Anweisungen für die Fertigstellung des Geweihs des Rentiers Klausi.

Kopf (beige)

Folgen Sie den Anweisungen für den Kopf des Rentiers Klausi.

Zusammensetzen des Kopfes

Folgen Sie den Anweisungen zum Zusammensetzen des Kopfes des Rentiers Klausi.

Arme (2-mal häkeln)

Folgen Sie den Anweisungen für die Arme des Rentiers Klausi und fügen Sie die folgenden Runden in Beige hinzu:

Runde 20–21: Je 1 fM in jd M. (11 M)

Decke

Häkeln Sie die Granny-Decke in den folgenden Farben:

Runde 1–3: Rot.

Runde 4–5: Weiß.

Runde 6–7: Rot.

Runde 8–9: Weiß.

Runde 10–11: Rot.

Runde 12–13: Grün.

Zusammensetzen des Schnuffeltuchs

Nähen Sie den Kopf in der Mitte der Decke an, sodass er zu einer der Ecken schaut. Nähen Sie die Arme an der Decke an, direkt seitlich unter dem Kopf.

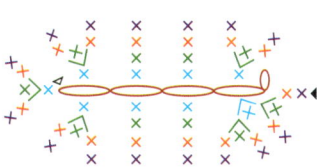

Maus
Cindy

Schwierigkeitsgrad
Fortgeschritten

Sie benötigen
- Kammgarn: Grau, Pink, Hellrosa und Schwarz
- Häkelnadel (4 mm)
- Maschenmarkierer
- Sticknadel
- Stofftierfüllung
- Amigurumi-Sicherheitsaugen (12 mm)
- Schere

Verwendete Maschen
Lm, fM, Km, 2 fM zus häkeln, DStb, Km aufhäkeln

Größe bei Fertigstellung
Maus: ca. 27 cm groß, Ohren mitgerechnet
Mäuseschnuffeltuch: ca. 35 cm Durchmesser

LEITFADEN ZUM HÄKELN

MUSTER	MAUS	MÄUSESCHNUFFELTUCH
Kopf	siehe Muster	gleich wie für Maus
Körper	gleich wie für Teddybär	–
Arm	gleich wie für Teddybär	gleich wie für Teddybärenschnuffeltuch
Bein	gleich wie für Teddybär	–
Ohr	siehe Muster	gleich wie für Maus
Schleife	siehe Muster	gleich wie für Maus
Rock	siehe Muster	–

Cindy ist ein bisschen schüchtern und versteckt sich oft hinter den Möbeln, damit niemand sie sehen kann.

ANLEITUNG FÜR DIE MAUS

Ohren (2-mal in Grau häkeln)

Anfangsring: Einen Fadenring machen.

Runde 1: 6 fM in den Ring häkeln.

Runde 2: Je 2 fM in jd M. (12 M)

Runde 3: (1 fM in die nächste M, 2 fM in die nächste M) 6-mal. (18 M)

Runde 4: (Je 1 fM in die nächsten 2 M, 2 fM in die nächste M) 6-mal. (24 M)

Runde 5–10: Je 1 fM in jd M. (24 M)

Runde 11: (Je 1 fM in die nächsten 2 M, 2 fM zus häkeln) 6-mal. (18 M)

Runde 12: Je 1 fM in jd M. (18 M)

Die Ohren müssen nicht gefüllt werden.

Drücken Sie sie flach und nähen Sie sie zu. Das Garn befestigen und einen langen Faden zum Zusammennähen stehenlassen.

Schleife (Pink)

Anfangsring: Einen Fadenring machen.

Runde 1: (4 Lm, 3 DStb, 3 Lm, 1 Km) 2-mal in den Ring häkeln.

Nehmen Sie ein Stück pinkes Garn und wickeln Sie es einige Male um die Mitte.

Das Garn befestigen und einen langen Faden zum Zusammennähen stehenlassen.

Kopf (grau)

Anfangsring: Einen Fadenring machen.

Runde 1: 6 fM in den Ring häkeln.

Runde 2: Je 1 fM in jd M. (6 M)

Runde 3: Je 2 fM in jd M. (12 M)

Runde 4: Je 1 fM in jd M. (12 M)

Runde 5: (1 fM in die nächste M, 2 fM in die nächste M) 6-mal. (18 M)

Runde 6: Je 1 fM in jd M. (18 M)

Runde 7: (Je 1 fM in die nächsten 2 M, 2 fM in die nächste M) 6-mal. (24 M)

Runde 8: Je 1 fM in jd M. (24 M)

Runde 9: Je 1 fM in die nächsten 9 M, je 2 fM in die nächsten 6 M, je 1 fM in die nächsten 9 M. (30 M)

Runde 10: Je 1 fM in jd M. (30 M)

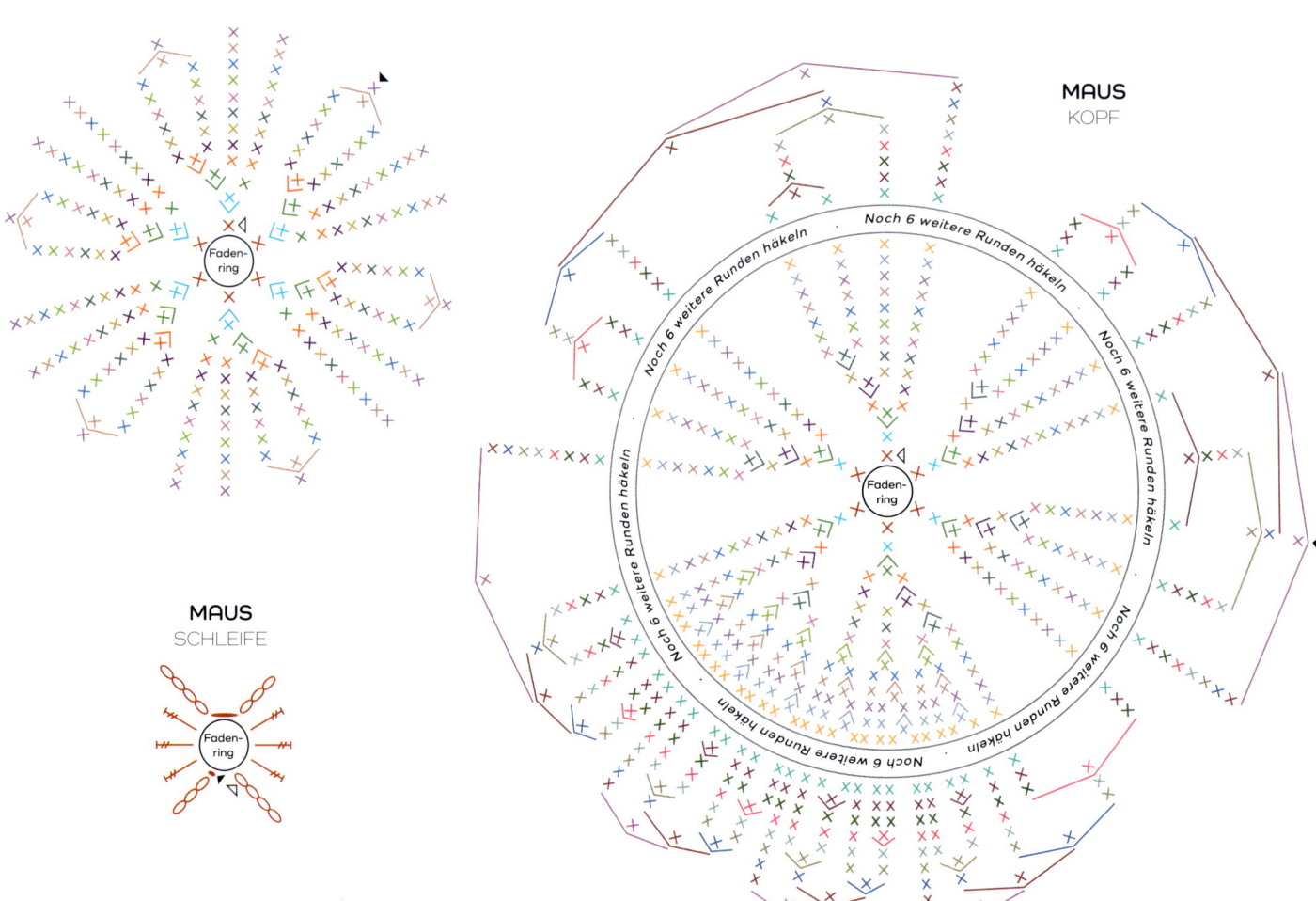

MAUS OHR

MAUS SCHLEIFE

MAUS KOPF

Runde 11: Je 1 fM in die nächsten 9 M, (1 fM in die nächste M, 2 fM in die nächste M) 6-mal, je 1 fM in die nächsten 9 M. (36 M)

Runde 12: Je 1 fM in jd M. (36 M)

Runde 13: Je 1 fM in die nächsten 9 M, (je 1 fM in die nächsten 2 M, 2 fM in die nächste M) 6-mal, je 1 fM in die nächsten 9 M. (42 M)

Runde 14–21: Je 1 fM in jd M. (42 M)

Füllen Sie den Kopf mit Stofftier-füllung und fahren Sie während des Häkelns mit dem Füllen fort.

Runde 22: (Je 1 fM in die nächsten 2 M, 2 fM zus häkeln, je 1 fM in die nächsten 3 M) 6-mal. (36 M)

Runde 23: Je 1 fM in jd M. (36 M)

Runde 24: (Je 1 fM in die nächsten 4 M, 2 fM zus häkeln) 6-mal. (30 M)

Runde 25: Je 1 fM in jd M. (30 M)

Runde 26: (1 fM in die nächste M, 2 fM zus häkeln, je 1 fM in die nächsten 2 M) 6-mal. (24 M)

Runde 27: (Je 1 fM in die nächsten 2 M, 2 fM zus häkeln) 6-mal. (18 M)

Runde 28: (1 fM in die nächste M, 2 fM zus häkeln) 6-mal. (12 M)

Runde 29: (2 fM zus häkeln) 6-mal. (6 M)

Das Garn befestigen und einen langen Faden zum Zusammennähen stehenlassen.

Zusammensetzen des Kopfes

Bringen Sie die Sicherheitsaugen mit einem Abstand von 4 Maschen zwischen Runde 9 und 10 an.

Sticken Sie mit einer Sticknadel und schwarzem Garn einen diagonalen Stich über jedem Auge zwischen Runde 12 und 13 über eine Länge von etwa 4 Häkelmaschen auf.

Für die Nase verwenden Sie hellro-safarbenes Garn und sticken einige dreieckige Stiche in die Mitte des Kopfs zwischen Runde 1 und 2 auf.

Nähen Sie die Ohren zwischen Runde 19 und 20 am Kopf an.

Nähen Sie die Schleife vor dem linken Ohr an.

Körper

Folgen Sie den Anweisungen für den Körper des Teddybären Theo mit folgenden Änderungen:

Runde 14: Nur ins dritte Maschenglied häkeln.

Runde 1–8: Weiß.

Runde 9–22: Pink.

Details des Körpers

Das hellrosafarbene Garn vorne zwischen Runde 13 und 14 im Körper einhäkeln (am Anfang einen langen Faden stehenlassen) und auf alle 36 M rundherum Km aufhäkeln. Einen langen Faden stehenlassen. Binden Sie eine kleine Schleife mit den Enden des Garns für das Detail am Körper.

Anmerkung: Machen Sie einen Knoten in jedes Ende des Garns für den Gürtel, damit er nicht ausfranst.

Rock

Das pinke Garn vorne in Runde 13 einhäkeln und wie folgt weiterarbeiten:

Runde 1: Je 1 fM in jd M. (36 M)

Runde 2: (Je 1 fM in die nächsten 2 M, 2 fM in die nächste M, je 1 fM in die nächsten 3 M) 6-mal. (42 M)

Runde 3–7: Je 1 fM in jd M. (42 M)

Runde 8: Zum hellrosafarbenen Garn wechseln. (1 fM, 1 Lm, 1 fM in die nächste M, die nächste M ausl) 21-mal. Die Rd mit 1 Km in die 1. fM schließen. (42 M)

Das Garn befestigen.

Arme (2-mal in Grau häkeln)

Folgen Sie den Anweisungen für die Arme des Teddybären Theo.

Beine (2-mal in Grau häkeln)

Folgen Sie den Anweisungen für das Bein des Teddybären Theo.

Drücken Sie die Beine flach und nähen Sie sie zu. Das Garn befestigen und einen langen Faden zum Zusammennähen stehenlassen.

Zusammensetzen des Stofftiers

Nähen Sie den Kopf am Körper an.

Nähen Sie je einen Arm zwischen Runde 20 und 21 an einer Seite des Körpers an.

Nähen Sie die Beine zwischen Runde 6 und 7 seitlich an den Körper an.

MAUS
ROCK

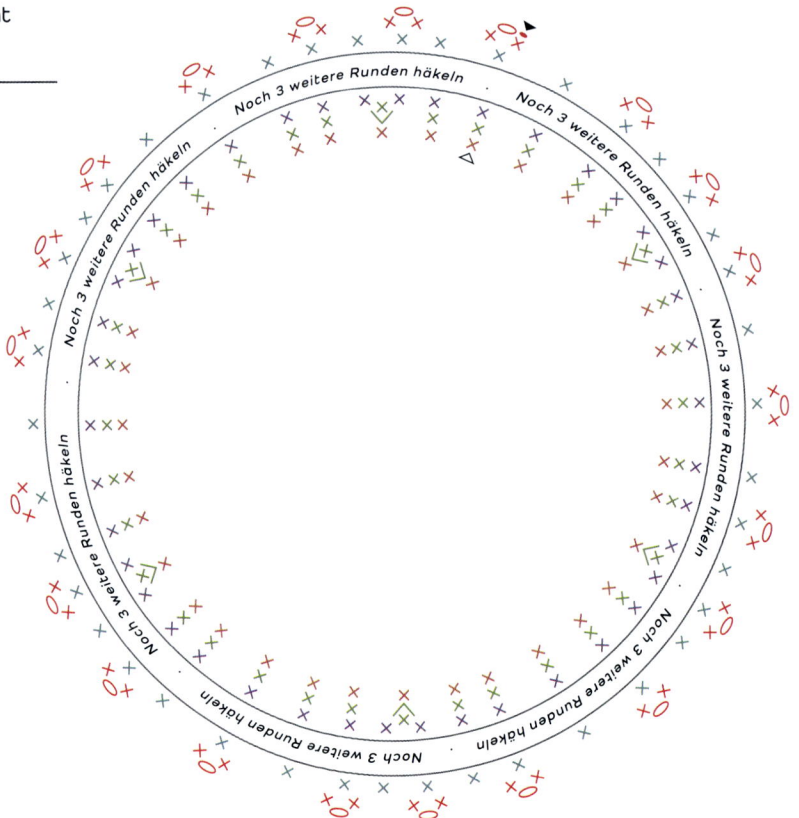

ANLEITUNG FÜR DAS MÄUSESCHNUFFELTUCH

Ohren (2-mal in Grau häkeln)

Folgen Sie den Anweisungen für das Ohr der Maus Cindy.

Schleife (Pink)

Folgen Sie den Anweisungen für die Schleife der Maus Cindy.

Kopf (Grau)

Folgen Sie den Anweisungen für den Kopf der Maus Cindy.

Zusammensetzen des Kopfes

Folgen Sie den Anweisungen zum Zusammensetzen des Kopfes der Maus Cindy.

Arme (2-mal in Grau häkeln)

Folgen Sie den Anweisungen für die Arme des Teddybärenschnuffeltuchs.

Decke

Häkeln Sie die Runde Decke in den folgenden Farben:

Runde 1: Grau.

Runde 2–12: Pink.

Runde 13: Hellrosa.

Zusammensetzen des Schnuffeltuchs

Nähen Sie den Kopf in der Mitte der Decke an.

Nähen Sie die Arme direkt darunter seitlich des Kopfes an.

Fuchs
Rasmus

Schwierigkeitsgrad
Fortgeschritten

Sie benötigen
- Kammgarn: Orange, Weiß und Schwarz
- Häkelnadel (4 mm)
- Maschenmarkierer
- Sticknadel
- Stofftierfüllung
- Amigurumi-Sicherheitsaugen (12 mm)
- Schere

Verwendete Maschen
Lm, fM, Km, 2 fM zus häkeln

Größe bei Fertigstellung
Fuchs: ca. 25 cm groß
Fuchsschnuffeltuch: ca. 33 x 33 cm

LEITFADEN ZUM HÄKELN

MUSTER	FUCHS	FUCHSSCHNUFFELTUCH
Kopf	gleich wie für Maus	gleich wie für Maus
Körper	gleich wie für Teddybär	–
Arm	gleich wie für Teddybär	gleich wie für Teddybärenschnuffeltuch
Bein	gleich wie für Teddybär	–
Ohr	siehe Muster	gleich wie für Fuchs
Schwanz	siehe Muster	–

Rasmus ist ein sehr
raffiniertes Kerlchen und
liebt nichts mehr, als
seinen Freunden Streiche
zu spielen.

ANLEITUNG FÜR DEN FUCHS

Ohren (2-mal häkeln)

Anfangsring: Mit schwarzem Garn einen Fadenring machen.

Runde 1: 6 fM in den Ring häkeln.

Runde 2: Je 1 fM in jd M. (6 M)

Runde 3: Je 2 fM in jd M. (12 M)

Runde 4: Zum orangen Garn wechseln. Je 1 fM in jd M. (12 M)

Runde 5: (1 fM in die nächste M, 2 fM in die nächste M) 6-mal. (18 M)

Runde 6: Je 1 fM in jd M. (18 M)

Runde 7: (Je 1 fM in die nächsten 2 M, 2 fM in die nächste M) 6-mal. (24 M)

Runde 8-10: Je 1 fM in jd M. (24 M)

Die Ohren müssen nicht gefüllt werden. Drücken Sie sie flach und nähen Sie sie zu. Das Garn befestigen und einen langen Faden zum Zusammennähen stehenlassen.

Kopf

Folgen Sie den Anweisungen für den Kopf der Maus Cindy in den folgenden Farben:

Runde 1-8: Weiß.

Runde 9-29: Orange.

Zusammensetzen des Kopfes

Bringen Sie die Sicherheitsaugen zwischen Runde 9 und 10 mit einem Abstand von 4 Maschen an.

Sticken Sie diagonal mit Ihrer Sticknadel und dem schwarzen Garn zwischen Runde 12 und 13 einen schwarzen Stich über jedes Auge, damit der Fuchs einen lustigeren Gesichtsausdruck bekommt. Sticken Sie jeden Stich über etwa 4 Häkelmaschen.

Für die Nase machen Sie einige dreieckige Stiche in die Mitte des Kopfes zwischen Runde 1 und 2.

Nähen Sie die Ohren zwischen Runde 19 und 23 gleichmäßig mit einem Abstand von 2 Maschen am Kopf an.

Nehmen Sie den Kopf, weben Sie den Faden durch jede der restlichen Maschen und ziehen Sie sie fest zu. Den Faden vernähen.

Schwanz

Anfangsring: Mit dem weißen Garn einen Fadenring machen.

Runde 1: 6 fM in den Ring häkeln.

Runde 2: (Je 1 fM in die nächsten 2 M, 2 fM in die nächste M) 2-mal. (8 M)

Runde 3: (Je 1 fM in die nächsten 3 M, 2 fM in die nächste M) 2-mal. (10 M)

Runde 4: (Je 1 fM in die nächsten 4 M, 2 fM in die nächste M) 2-mal. (12 M)

Runde 5: Zum orangen Garn wechseln. Je 1 fM in jd M. (12 M)

Runde 6: (Je 1 fM in die nächsten 2 M, 2 fM in die nächste M) 4-mal. (16 M)

Runde 7: (1 fM in die nächste M, 2 fM in die nächste M, je 1 fM in die nächsten 2 M) 4-mal. (20 M)

Runde 8: Je 1 fM in jd M. (20 M)

Runde 9: (1 fM in die nächste M, 2 fM zus häkeln, je 1 fM in die nächsten 2 M) 4-mal. (16 M)

Runde 10: Je 1 fM in jd M. (16 M)

Runde 11: (Je 1 fM in die nächsten 2 M, 2 fM zus häkeln) 4-mal. (12 M)

Runde 12: Je 1 fM in jd M. (12 M)

Runde 13: (Je 1 fM in die nächsten 4 M, 2 fM zus häkeln) 2-mal. (10 M)

Runde 14: Je 1 fM in jd M. (10 M)

Runde 15: (1 fM in die nächste M, 2 fM zus häkeln, je 1 fM in die nächsten 2 M) 2-mal. (8 M)

Runde 16-17: Je 1 fM in jd M. (8 M)

Den Schwanz füllen, das Ende flach drücken und zunähen. Das Garn befestigen und einen langen Faden zum Zusammennähen stehenlassen.

Körper (orange)

Folgen Sie den Anweisungen für den Teddybären Theo.

Nähen Sie den Schwanz zwischen Runde 6 und 9 hinten am Körper an, sodass er sich ein wenig zu einer Seite neigt.

ANLEITUNG FÜR DAS FUCHSSCHNUFFELTUCH

ARme (2-mal häkeln)

Folgen Sie den Anweisungen für die Arme des Teddybären Theo mit den folgenden Farben:

Runde 1–7: Schwarz.

Runde 8–19: Orange.

Beine (2-mal häkeln)

Folgen Sie den Anweisungen für die Beine des Teddybären Theo mit den folgenden Farben:

Runde 1–6: Schwarz.

Runde 7–15: Orange.

Zusammensetzen des Stofftiers

Nähen Sie den Kopf am Körper an.

Nähen Sie je einen Arm zwischen Runde 20 und 21 an einer Seite des Körpers an.

Nähen Sie die Beine unten am Körper zwischen Runde 2 und 5 an.

OhRen (2-mal häkeln)

Folgen Sie den Anweisungen für das Ohr des Fuchses Rasmus.

Kopf

Folgen Sie den Anweisungen für den Kopf des Fuchses Rasmus.

Zusammensetzen des Kopfes

Folgen Sie den Anweisungen zum Zusammensetzen des Kopfes für den Fuchs Rasmus.

ARme (2-mal häkeln)

Folgen Sie den Anweisungen für die Arme des Teddybärenschnuffeltuchs in den folgenden Farben:

Runde 1–7: Schwarz.

Runde 8–21: Orange.

Decke

Häkeln Sie die Granny-Decke in den folgenden Farben:

Runde 1–9: Orange.

Runde 10–11: Weiß.

Runde 12–13: Schwarz.

Zusammensetzen des Schnuffeltuchs

Nähen Sie den Kopf in der Mitte der Decke an.

Nähen Sie die Arme seitlich des Kopfs an der Decke an.

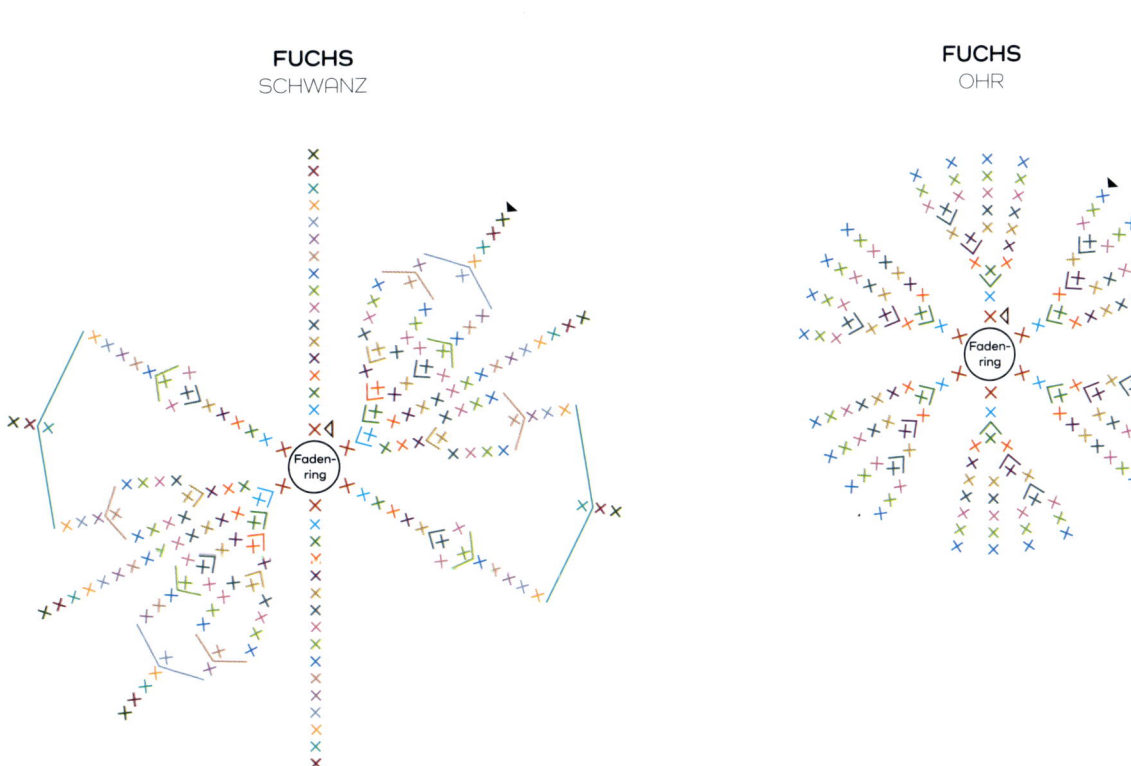

FUCHS
SCHWANZ

FUCHS
OHR

Affe
Maverick

Schwierigkeitsgrad
Fortgeschritten

Sie benötigen
- Kammgarn: Beige, Braun und Schwarz
- Häkelnadel (4 mm)
- Maschenmarkierer
- Sticknadel
- Stofftierfüllung
- Amigurumi-Sicherheitsaugen (12 mm)
- Schere

Verwendete Maschen
Lm, fM, Km, Bm aus 4 Stb, 2 fM zus häkeln

Größe bei Fertigstellung
Affe: ca. 29 cm groß
Affenschnuffeltuch: ca. 30 x 33 cm

LEITFADEN ZUM HÄKELN

MUSTER	AFFE	AFFENSCHNUFFELTUCH
Kopf	gleich wie für Teddybär	gleich wie für Teddybärenschnuffeltuch
Körper	gleich wie für Teddybär	–
Schnauze	siehe Muster	gleich wie für Affe
Arm	siehe Muster	gleich wie für Affe
Bein	siehe Muster	–
Ohr	siehe Muster	gleich wie für Affe
Schwanz	siehe Muster	–

Der Affe Maverick lacht so lustig, dass seine Freunde immer fröhlich mitkichern müssen.

ANLEITUNG FÜR DEN AFFEN

Schnauze (beige)

Anschlagsreihe: 12 Lm häkeln.

Die Maschen werden entlang beider Seiten der Anschlagsreihe gehäkelt.

Runde 1: Mit der 2. Lm von der Nadel beginnen und je 1 fM in die nächsten 10 M, 3 fM in die letzte M. Auf der anderen Seite der Anschlagsreihe weiterarbeiten und je 1 fM in die nächsten 9 M, 2 fM in die nächste M. (24 M)

Runde 2: 2 fM in die nächste M, je 1 fM in die nächsten 9 M, je 2 fM in die nächsten 3 M, je 1 fM in die nächsten 9 M, je 2 fM in die nächsten 2 M. (30 M)

Runde 3-5: Je 1 fM in jd M. (30 M)

Das Garn befestigen und einen langen Faden zum Zusammennähen stehenlassen.

Verwenden Sie braunes Garn und eine Sticknadel, um die Nasenlöcher mit Kreuzstich an jeder Seite der Schnauze in Runde 1 aufzusticken. Das Garn befestigen.

Anmerkung: Richten Sie die Nasenstiche für den perfekten Gesichtsausdruck sorgfältig unter den Augen aus.

Ohren (2-mal in Braun häkeln)

Anfangsring: Einen Fadenring machen.

Runde 1: 6 fM in den Ring häkeln.

Runde 2: Je 2 fM in jd M. (12 M)

Runde 3: (1 fM in die nächste M, 2 fM in die nächste M) 6-mal. (18 M)

Runde 4: (Je 1 fM in die nächsten 5 M, 2 fM in die nächste M) 3-mal. (21 M)

Runde 5-7: Je 1 fM in jd M. (21 M)

Runde 8: (Je 1 fM in die nächsten 5 M, 2 fM zus häkeln) 3-mal. (18 M)

Runde 9: Je 1 fM in jd M. (18 M)

Runde 10: (1 fM in die nächste M, 2 fM zus häkeln) 6-mal. (12 M)

Die Ohren müssen nicht gefüllt werden.

Drücken Sie sie flach und nähen Sie sie zu. Das Garn befestigen und einen langen Faden zum Zusammennähen stehenlassen.

Kopf (braun)

Folgen Sie den Anweisungen für den Kopf des Teddybären Theo.

Zusammensetzen des Kopfes

Bringen Sie die Sicherheitsaugen zwischen Runde 14 und 15 mit einem Abstand von 3 Maschen an.

Sticken Sie mit einer Sticknadel und schwarzem Garn zwischen Runde 11 und 13 einen diagonalen Stich über jedes Auge, damit der Affe einen lustigeren Gesichtsausdruck erhält. Machen Sie jeden dieser Stiche etwa 4 Maschen lang.

Füllen Sie die Schnauze und nähen Sie sie zwischen Runde 16 und 24 am Kopf an.

Nähen Sie die Ohren zwischen Runde 11 und 17 am Kopf an.

Schwanz (braun)

Anfangsring: Einen Fadenring machen.

Runde 1: 6 fM in den Ring häkeln.

Runde 2: (1 fM in die nächste M, 2 fM in die nächste M) 3-mal. (9 M)

Runde 3-24: Je 1 fM in jd M. (9 M)

Den Schwanz leicht füllen. Das Garn befestigen und einen langen Faden zum Zusammennähen stehenlassen.

Körper (braun)

Folgen Sie den Anweisungen für den Körper des Teddybären Theo.

Sticken Sie mit dem beigefarbenen Garn einen Kreuzstich zwischen Runde 8 und 9 in die Mitte des Körpers.

Nähen Sie den Schwanz zwischen Runde 6 und 8 hinten am Körper an, sodass er sich ein bisschen zu einer Seite neigt.

Arme (2-mal häkeln)

Anfangsring: Mit dem beigen Garn einen Fadenring machen.

Runde 1: 6 fM in den Ring häkeln.

Runde 2: Je 2 fM in jd M. (12 M)

Runde 3: (1 fM in die nächste M, 2 fM in die nächste M) 6-mal. (18 M)

Runde 4-7: Je 1 fM in jd M. (18 M)

Runde 8: 1 Bm aus 4 Stb in die 1. M, 1 Lm, je 1 fM in die nächsten 17 M. (18 M)

Runde 9: (1 fM in die nächste M, 2 fM zus häkeln) 6-mal. (12 M)

Runde 10: Je 1 fM in jd M. (12 M)

Runde 11-24: Zum braunen Garn wechseln. Je 1 fM in jd M. (12 M)

Die Arme füllen, flach drücken und zunähen. Das Garn befestigen und einen langen Faden zum Zusammennähen stehenlassen.

Beine (2-mal häkeln)

Anfangsring: Mit dem beigen Garn einen Fadenring machen.

Runde 1: 6 fM in den Ring häkeln.

Runde 2: Je 2 fM in jd M. (12 M)

Runde 3: (1 fM in die nächste M, 2 fM in die nächste M) 6-mal. (18 M)

Runde 4: (Je 1 fM in die nächsten 2 M, 2 fM in die nächste M) 6-mal. (24 M)

Runde 5-8: Je 1 fM in jd M. (24 M)

Runde 9: (Je 1 fM in die nächsten 2 M, 2 fM zus häkeln) 6-mal. (18 M)

Runde 10: (1 fM in die nächste M, 2 fM zus häkeln) 6-mal. (12 M)

Runde 11: Je 1 fM in jd M. (12 M)

Runde 12-26: Zum braunen Garn wechseln. Je 1 fM in jd M. (12 M)

Die Beine füllen, flach drücken und zunähen. Das Garn befestigen und einen langen Faden zum Zusammennähen stehenlassen.

Zusammensetzen des Stofftiers

Nähen Sie den Kopf am Körper an.

Nähen Sie je einen Arm zwischen Runde 20 und 21 an einer Seite des Körpers an.

Nähen Sie die Beine unten am Körper zwischen Runde 2 und 5 an.

ANLEITUNG FÜR DAS AFFENSCHNUFFELTUCH

Schnauze (beige)

Folgen Sie den Anweisungen für die Schnauze des Affen Maverick.

Ohren (2-mal in Braun häkeln)

Folgen Sie den Anweisungen für das Ohr des Affen Maverick.

Kopf (braun)

Folgen Sie den Anweisungen für den Kopf des Teddybärenschnuffeltuchs.

Zusammensetzen des Kopfes

Folgen Sie den Anweisungen zum Zusammensetzen des Kopfes des Affen Maverick.

Nehmen Sie den Kopf, weben Sie den Faden durch jede der restlichen Maschen und ziehen Sie sie fest zu. Lassen Sie einen langen Faden zum Zusammennähen stehen.

Arme (2-mal häkeln)

Folgen Sie den Anweisungen für die Arme des Affen Maverick.

Decke

Häkeln Sie die Strukturdecke in den folgenden Farben:

Runde 1–21: Braun.

Runde 22–25: Beige.

Zusammensetzen des Schnuffeltuchs

Nähen Sie den Kopf in der Mitte der Decke an, sodass er zu einer der Ecken schaut. Die Arme unter dem Kopf seitlich an der Decke annähen.

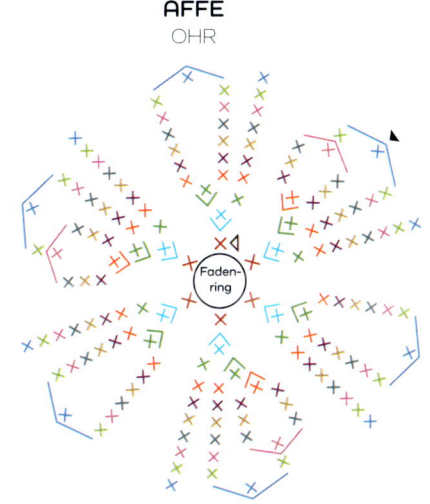

AFFE
OHR

AFFE
SCHNAUZE

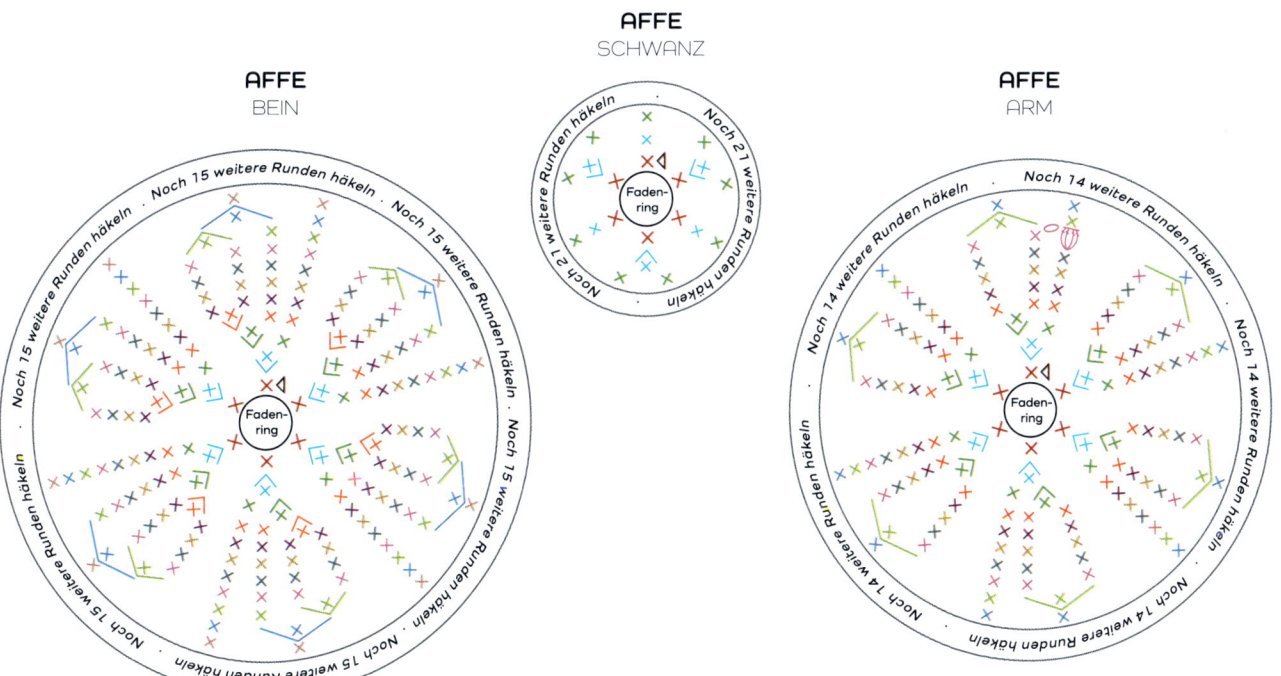

AFFE
BEIN

AFFE
SCHWANZ

AFFE
ARM

Puppenmädchen

Eva

Schwierigkeitsgrad
Fortgeschritten

Sie benötigen
- Kammgarn: Beige, Gelb, Korallenrot, Weiß und Schwarz
- Häkelnadel (4 mm)
- Häkelnadel (5 mm)
- Maschenmarkierer
- Sticknadel
- Stofftierfüllung
- Amigurumi-Sicherheitsaugen (12 mm)
- 2 kleine Knöpfe
- Schere

Verwendete Maschen
Lm, fM, hStb, Stb, Km, Bm aus 4 Stb, 2 fM zus häkeln

Größe bei Fertigstellung
Puppenmädchen: ca. 27 cm groß

Puppenmädchenschnuffeltuch: ca. 35 cm Durchmesser

LEITFADEN ZUM HÄKELN

MUSTER	PUPPENMÄDCHEN	PUPPENMÄDCHEN-SCHNUFFELTUCH
Kopf	gleich wie für Teddybär	gleich wie für Teddybärenschnuffeltuch
Körper	gleich wie für Teddybär	–
Arm	gleich wie für Affe	gleich wie für Affe
Bein	gleich wie für Teddybär	–
Haare	siehe Muster	gleich wie für Puppenmädchen
Schleife	gleich wie für Ente	gleich wie für Ente
Dutt	siehe Muster	gleich wie für Puppenmädchen
Rock	siehe Muster	–

Eva ist sehr lustig und
bringt ihre Freunde
immer zum Lachen.

ANLEITUNG FÜR DAS PUPPENMÄDCHEN

Haare (gelb)

Anfangsring: Mit der 5-mm-Nadel einen Fadenring machen.

Runde 1: 6 fM in den Ring häkeln.

Runde 2: Je 2 fM in jd M. (12 M)

Runde 3: (1 fM in die nächste M, 2 fM in die nächste M) 6-mal. (18 M)

Runde 4: (Je 1 fM in die nächsten 2 M, 2 fM in die nächste M) 6-mal. (24 M)

Runde 5: (1 fM in die nächste M, 2 fM in die nächste M, je 1 fM in die nächsten 2 M) 6-mal. (30 M)

Runde 6: (Je 1 fM in die nächsten 4 M, 2 fM in die nächste M) 6-mal. (36 M)

Runde 7: (Je 1 fM in die nächsten 2 M, 2 fM in die nächste M, je 1 fM in die nächsten 3 M) 6-mal. (42 M)

Runde 8: (Je 1 fM in die nächsten 6 M, 2 fM in die nächste M) 6-mal. (48 M)

Runde 9–14: Je 1 fM in jd M. (48 M)

Runde 15: (Die nächste M ausl, 5 hStb in die nächste M, die nächste M ausl, 1 fM in die nächste M) 12-mal. (72 M)

Das Garn befestigen und einen langen Faden zum Zusammennähen stehenlassen.

Dutt (2-mal in Gelb häkeln)

Anfangsring: Mit der Häkelnadel in der Stärke 5 mm einen Fadenring machen.

Runde 1: 6 fM in den Ring häkeln.

Runde 2: Je 2 fM in jd M. (12 M)

Runde 3: (1 fM in die nächste M, 2 fM in die nächste M) 6-mal. (18 M)

Runde 4: (Je 1 fM in die nächsten 5 M, 2 fM in die nächste M) 3-mal. (21 M)

Runde 5–6: Je 1 fM in jd M. (21 M)

Runde 7: (Je 1 fM in die nächsten 5 M, 2 fM zus häkeln) 3-mal. (18 M)

Runde 8: (1 fM in die nächste M, 2 fM zus häkeln) 6-mal. (12 M)

Die Dutts füllen. Das Garn befestigen und einen langen Faden zum Zusammennähen stehenlassen.

Nähen Sie die Dutts zwischen Runde 7 und 11 auf das Haar auf.

Schleife

(2-mal in Korallenrot häkeln)

Folgen Sie den Anweisungen für die Schleife der Ente Susi.

Nähen Sie je eine Schleife vor jedem Dutt auf.

Kopf (beige)

Folgen Sie den Anweisungen für den Kopf des Teddybären Theo.

Zusammensetzen des Kopfes

Bringen Sie die Sicherheitsaugen zwischen Runde 14 und 15 mit 2 Maschen Abstand dazwischen an.

Sticken Sie diagonal mit Ihrer Sticknadel und dem schwarzen Garn zwischen Runde 12 und 14 einen schwarzen Stich über jedes Auge, damit das Puppenmädchen einen lustigeren Gesichtsausdruck bekommt. Sticken Sie jeden Stich über etwa 3 Häkelmaschen.

Für die Nase sticken Sie einige horizontale Stiche mit beigefarbenem Garn in die Mitte des Kopfes zwischen Runde 16 und 17. Sticken Sie dann ein paar vertikale über die horizontalen Stiche.

Für den Mund schwarzes Garn verwenden und zwischen Runde 20 und 21 einen geraden Stich über 2 Maschen sticken, dann einen diagonalen über 2 weitere Maschen und einen weiteren, kleinen geraden Stich.

Sie können den Mund ein bisschen nach links versetzen, um dem Mädchen einen lustigeren Gesichtsausdruck zu verleihen.

Bringen Sie das Haar am Kopf an und nähen Sie es fest, arbeiten Sie dabei entlang Runde 14 des Haars.

Körper

Folgen Sie den Anweisungen für den Körper des Teddybären Theo mit folgenden Änderungen:

Runde 15: Nur ins dritte Maschenglied häkeln.

PUPPENMÄDCHEN
ROCK

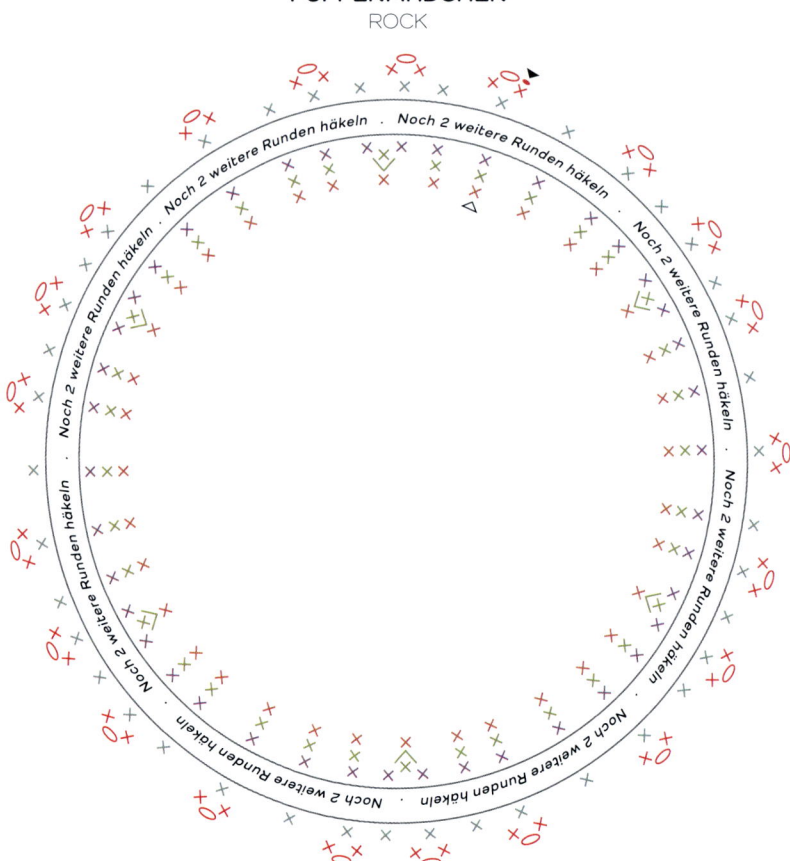

Runde 1–12: Weiß.

Runde 13–22: Korallenrot.

Nähen Sie die beiden kleinen Knöpfe in Runde 16 und 19 auf den Körper auf.

Rock (korallenrot)

Das korallenrote Garn vorne in Runde 14 einhäkeln und wie folgt arbeiten:

Runde 1: Je 1 fM in jd M. (36 M)

Runde 2: (Je 1 fM in die nächsten 2 M, 2 fM in die nächste M, je 1 fM in die nächsten 3 M) 6-mal. (42 M)

Runde 3–6: Je 1 fM in jd M. (42 M)

Runde 7: (1 fM, 1 Lm, 1 fM in die nächste M, die nächste M ausl) 21-mal. (42 M)

Die Rd mit 1 Km in die 1. fM dieser Runde schließen. Das Garn befestigen.

Arme (2-mal in Beige häkeln)

Folgen Sie den Anweisungen für die Arme des Affen Maverick.

Beine (2-mal in Beige häkeln)

Folgen Sie den Anweisungen für die Beine des Teddybären Theo.

Zusammensetzen der Puppe

Nähen Sie den Kopf am Körper an.

Nähen Sie je einen Arm zwischen Runde 20 und 21 an einer Seite des Körpers an.

Nähen Sie die Beine unten zwischen Runde 3 und 5 am Körper an.

PUPPENMÄDCHEN
DUTT

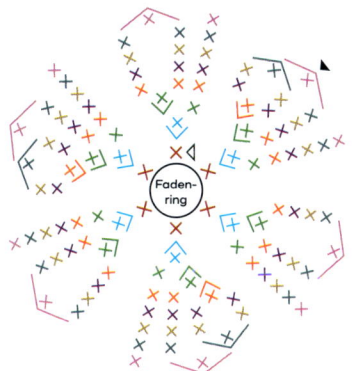

Haare (gelb)

Folgen Sie den Anweisungen für die Haare des Puppenmädchens Eva.

Dutt (2-mal in Gelb häkeln)

Folgen Sie den Anweisungen für den Dutt des Puppenmädchens Eva.

Schleife

(2-mal in Korallenrot häkeln)

Folgen Sie den Anweisungen für die Schleife der Ente Susi.

Nähen Sie je eine Schleife vor jedem Dutt auf.

Kopf (beige)

Folgen Sie den Anweisungen für den Kopf des Teddybärenschnuffeltuchs.

Zusammensetzen des Kopfes

Folgen Sie den Anweisungen zum Zusammensetzen des Kopfes des Puppenmädchens Eva.

Nehmen Sie den Kopf, weben Sie den Faden durch jede der restlichen Maschen und ziehen Sie sie fest zu. Lassen Sie einen langen Faden zum Zusammennähen stehen.

Arme (2-mal in Beige häkeln)

Folgen Sie den Anweisungen für die Arme des Affen Maverick.

Decke

Häkeln Sie die Runde Decke in den folgenden Farben:

Runde 1–12: Korallenrot.

Runde 13: Weiß.

Zusammensetzen des Schnuffeltuchs

Nähen Sie den Kopf in der Mitte der Decke an.

Nähen Sie die Arme rechts und links direkt seitlich des Kopfes an.

PUPPENMÄDCHEN
HAARE

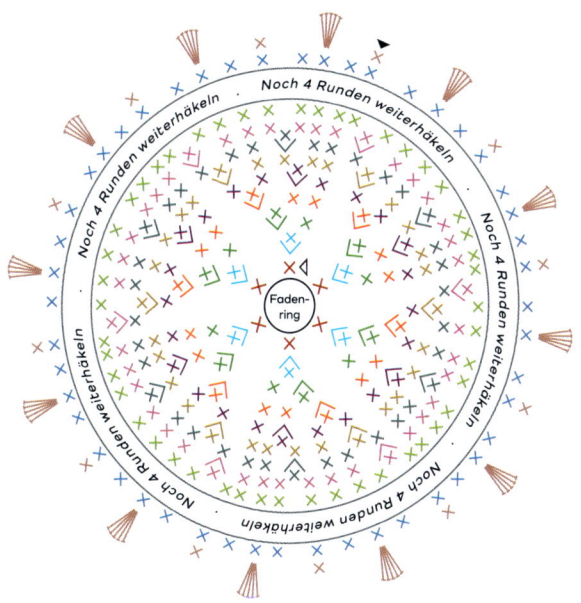

Puppenjunge
Elias

Schwierigkeitsgrad

Fortgeschritten

Sie benötigen

- Kammgarn: Beige, Grün, Dunkelblau, Braun und Schwarz
- Häkelnadel (4 mm)
- Häkelnadel (5 mm)
- Maschenmarkierer
- Sticknadel
- Stofftierfüllung
- Amigurumi-Sicherheitsaugen (12 mm)
- Schere

Verwendete Maschen

Lm, fM, Stb, hStb, Km, Bm aus 4 Stb, 2 fM zus häkeln, Km aufhäkeln

Größe bei Fertigstellung

Puppenjunge: ca. 27 cm groß

Puppenjungenschnuffeltuch: ca. 35 cm Durchmesser

LEITFADEN ZUM HÄKELN

MUSTER	PUPPENJUNGE	PUPPENJUNGEN-SCHNUFFELTUCH
Kopf	gleich wie für Teddybär	gleich wie für Teddybärenschnuffeltuch
Körper	gleich wie für Teddybär	–
Arm	gleich wie für Affe	gleich wie für Affe
Bein	gleich wie für Teddybär	–
Haare	siehe Muster	gleich wie für Puppenjunge
Fliege	gleich wie für Schleife der Ente	–

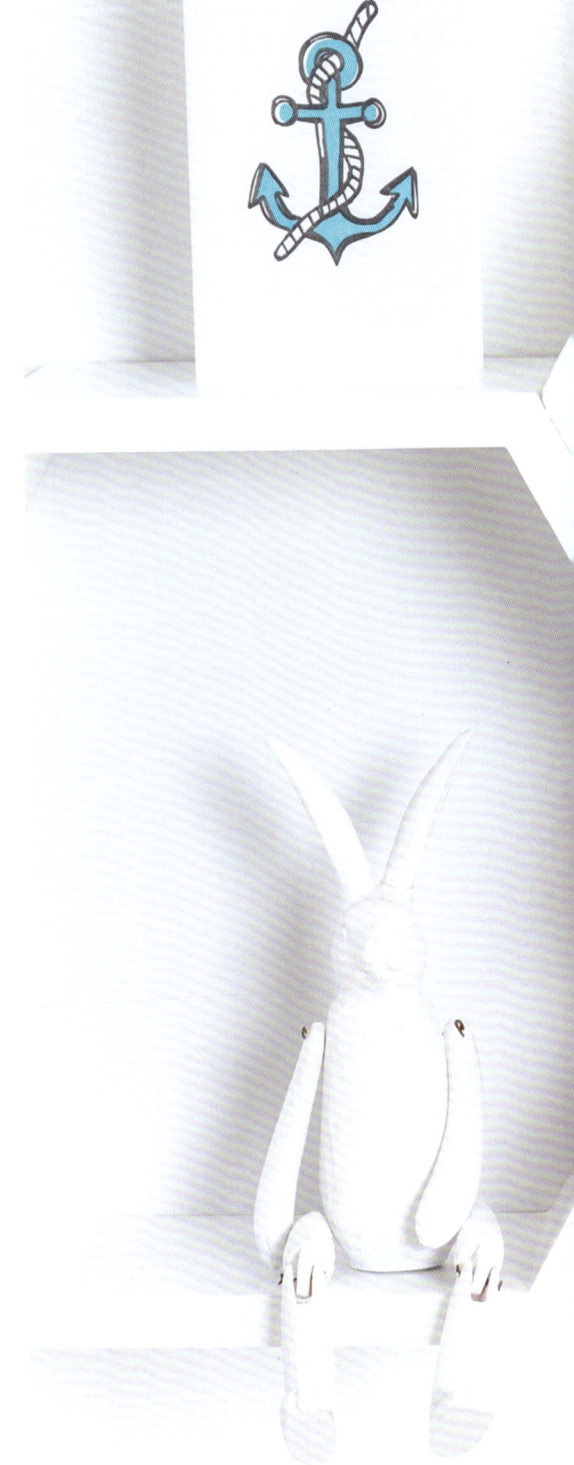

Elias bastelt gerne und liebt es, lustige Dinge zu erfinden.

MUSTER FÜR DEN PUPPENJUNGEN

Haare (braun)

Anfangsring: Mit einer Häkelnadel in der Stärke 5 mm einen Fadenring machen.

Runde 1: 6 fM in den Ring häkeln.

Runde 2: Je 2 fM in jd M. (12 M)

Runde 3: (1 fM in die nächste M, 2 fM in die nächste M) 6-mal. (18 M)

Runde 4: (Je 1 fM in die nächsten 2 M, 2 fM in die nächste M) 6-mal. (24 M)

Runde 5: (1 fM in die nächste M, 2 fM in die nächste M, je 1 fM in die nächsten 2 M) 6-mal. (30 M)

Runde 6: (Je 1 fM in die nächsten 4 M, 2 fM in die nächste M) 6-mal. (36 M)

Runde 7: (Je 1 fM in die nächsten 2 M, 2 fM in die nächste M, je 1 fM in die nächsten 3 M) 6-mal. (42 M)

Runde 8: (Je 1 fM in die nächsten 6 M, 2 fM in die nächste M) 6-mal. (48 M)

Runde 9–16: Je 1 fM in jd M. (48 M)

Runde 17: Je 1 fM in die nächsten 35 M, 1 hStb in die nächste M, 2 Stb in die nächste M, 6 Stb in die nächste M, die nächsten 3 M ausl, je 1 fM in die nächsten 7 M. (51 M)

Das Garn befestigen und einen langen Faden zum Zusammennähen stehenlassen.

Kopf (beige)

Folgen Sie den Anweisungen für den Kopf des Teddybären Theo.

PUPPENJUNGE
HAARE

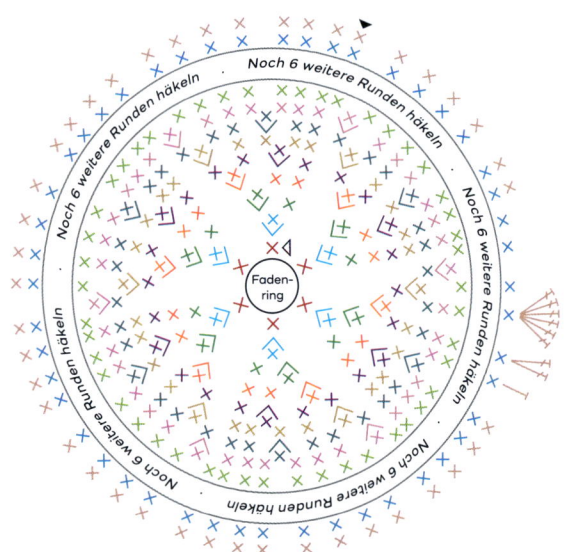

Zusammensetzen des Kopfes

Bringen Sie die Sicherheitsaugen zwischen Runde 14 und 15 mit 2 Maschen Abstand dazwischen an.

Sticken Sie diagonal mit Ihrer Sticknadel und dem schwarzen Garn zwischen Runde 13 und 15 einen schwarzen Stich über jedes Auge, damit der Junge einen lustigeren Gesichtsausdruck bekommt. Sticken Sie jeden Stich über etwa 3 Häkelmaschen.

Für die Nase sticken Sie einige horizontale Stiche mit beigefarbenem Garn in die Mitte des Kopfes zwischen Runde 16 und 18. Sticken Sie dann ein paar vertikale über die horizontalen Stiche.

Für den Mund schwarzes Garn verwenden und zwischen Runde 20 und 21 einen geraden Stich über 2 Maschen sticken, dann einen diagonalen über 2 weitere Maschen und einen weiteren, kleinen geraden Stich.

Sie können den Mund ein bisschen nach links versetzen, um dem Jungen einen lustigeren Gesichtsausdruck zu verleihen.

Bringen Sie das Haar so am Kopf an, dass die Stirnfransen ins Gesicht hängen. Nähen Sie die Haare entlang Runde 16 der Haare an.

Anmerkung: Der Puppenjunge sieht besser aus, wenn Sie die Stirnfransen nicht an seinem Kopf festnähen.

ANLEITUNG FÜR DAS PUPPENJUNGENSCHNUFFELTUCH

KÖRPER

Folgen Sie den Anweisungen für den Körper des Teddybären Theo mit folgenden Änderungen:

Runde 14: Nur ins dritte Maschenglied häkeln.

Runde 1–13: Dunkelblau.

Runde 14–21: Grün.

Runde 22: Beige.

Fliege (dunkelblau)

Folgen Sie den Anweisungen für die Schleife der Ente Susi.

Nähen Sie die Schleife in der Mitte von Runde 21 auf den Körper auf.

ARme (2-mal häkeln)

Folgen Sie den Anweisungen für die Arme des Affen Maverick mit folgenden Änderungen:

Runde 1–18: Beige.

Runde 19: Die ersten 3 M mit beigefarbenem Garn häkeln, dann zum grünen Garn wechseln.

Runde 20–24: Grün.

Details für den ARm

Das grüne Garn zwischen Runde 19 und 20 einhäkeln und auf jede der 12 M je 1 Km aufhäkeln.

Beine (2-mal häkeln)

Folgen Sie den Anweisungen für die Beine des Teddybären Theo mit folgenden Änderungen:

Runde 1–7: Beige.

Runde 8–15: Dunkelblau.

Details für das Bein

Das grüne Garn zwischen Runde 7 und 8 einhäkeln und auf jede der 21 M je 1 Km aufhäkeln.

Zusammensetzen der Puppe

Nähen Sie den Kopf am Körper an.

Nähen Sie je einen Arm zwischen Runde 20 und 21 an einer Seite des Körpers an.

Nähen Sie die Beine unten am Körper zwischen Runde 2 und 3 an.

Haare (braun)

Folgen Sie den Anweisungen für die Haare des Puppenjungen Elias.

Kopf (beige)

Folgen Sie den Anweisungen für den Kopf des Teddybärenschnuffeltuchs.

Zusammensetzen des Kopfes

Folgen Sie den Anweisungen zum Zusammensetzen des Kopfes des Puppenjungen Elias.

Nehmen Sie den Kopf, weben Sie den Faden durch jede der restlichen Maschen und ziehen Sie sie fest zu. Lassen Sie einen langen Faden zum Zusammennähen stehen.

ARme (2-mal häkeln)

Folgen Sie den Anweisungen für die Arme des Puppenjungen Elias.

Decke

Häkeln Sie die Runde Decke in den folgenden Farben:

Runde 1–5: Grün.

Runde 6–13: Dunkelblau.

Zusammensetzen des Schnuffeltuchs

Nähen Sie den Kopf in der Mitte der Decke an.

Nähen Sie die Arme links und rechts direkt unter dem Kopf auf der Decke auf.

GRUNDTECHNIKEN

DIE FARBE WECHSELN

Um während des Rundhäkelns fester Maschen das Garn zu wechseln, häkeln Sie so lange, bis Sie nur noch eine Masche in der letzten Runde in der ersten Farbe übrig haben.

Stechen Sie die Nadel in diese letzte Masche, machen Sie einen Umschlag und ziehen Sie eine Schlinge hoch. Dann einen Umschlag mit dem Garn in der neuen Farbe machen und das Garn durch beide Schlingen auf der Nadel ziehen, sodass eine Schlinge in der neuen Farbe übrigbleibt.

Für jede andere Masche häkeln Sie zuerst in der ersten Farbe bis zum letzten Umschlag und machen dann den letzten Umschlag in der neuen Farbe. Ihre letzte Schlinge auf der Nadel sollte aus dem Garn in der neuen Farbe sein.

DAS GARN BEFESTIGEN

Um das Garn zu befestigen, häkeln Sie die letzte Masche fertig, dann schneiden Sie das Garn ab, ziehen es durch die Masche und lassen einen Faden von mindestens 15 cm stehen. Fädeln Sie den Faden in Ihre Sticknadel und vernähen Sie ihn über ein paar Stiche auf der Rückseite des Häkelstücks. Arbeiten Sie dabei in Maschen derselben Farbe und machen Sie diese Stiche möglichst unsichtbar.

Nähen Sie dann noch ein paar Stiche über die ersten zwei Stiche, um das Garn sicher zu befestigen. Schneiden Sie das Garn so nah wie möglich am Werkstück ab und achten Sie dabei darauf, nicht in eine Ihrer Häkelmaschen zu schneiden!

MASCHENMARKIERER VERWENDEN

Bei den meisten Anleitungen in diesem Buch wird in durchgehenden Spiralen gehäkelt. Ein Maschenmarkierer erleichtert es Ihnen, Anfang und Ende Ihrer Runde zu erkennen.

Wählen Sie einen offenen Maschenmarkierer und schieben Sie ihn durch die erste Masche der Runde, direkt unter der Häkelnadel, nachdem Sie die Masche gehäkelt haben.

Fahren Sie im Muster fort – Sie wissen, dass Sie am Ende der Runde sind, wenn Sie die letzte Masche vor dem Maschenmarkierer erreichen. Häkeln Sie diese letzte Masche. Sie können nun die Maschen zwischen Ihrer Nadel und dem Maschen-

markierer abzählen, um sicherzugehen, dass Sie die richtige Maschenanzahl haben.

Häkeln Sie die erste Masche der nächsten Runde und bewegen Sie den Maschenmarkierer nach oben.

IN SPIRALEN HÄKELN VS. RUNDHÄKELN

Die meisten Muster in diesem Buch werden in Spiralen gehäkelt.

Dafür häkeln Sie jede Runde durchgehend und gehen direkt zur ersten Masche der neuen Runde über, nachdem Sie die letzte Masche der Vorrunde gehäkelt haben.

Verwenden Sie einen Maschenmarkierer, um im Auge zu behalten, in welcher Runde Sie gerade arbeiten.

Wenn Sie in durchgehenden Spiralrunden häkeln, werden Sie feststellen, dass Sie an der fertigen Arbeit keine Rundenanfänge sehen können.

Um in geschlossenen Runden zu häkeln, beenden Sie die Runde, in der Sie gerade sind und häkeln Sie eine Kettmasche in die erste Masche der Runde. Bringen Sie einen Maschenmarkierer in der Kettmasche an, häkeln Sie eine Luftmasche und beginnen Sie dann die nächste Runde.

IN REIHEN HÄKELN

Die Strukturdecke wird in geraden Reihen gehäkelt. Dafür folgen Sie den Anweisungen des Musters bis zum Ende der Reihe und wenden dann Ihre Arbeit, sodass die andere Seite zu Ihnen zeigt.

Sie werden angewiesen, eine bestimmte Luftmaschenanzahl am Ende jeder Reihe zu häkeln, damit Sie an die richtige

Stelle zum Beginnen der nächsten Reihe kommen und die Seiten Ihrer Arbeit gerade und sauber bleiben.

Wenden Sie Ihre Arbeit jedes Mal, wenn Sie das Ende der Reihe erreicht haben.

DRITTES MASCHENGLIED

Bei einigen der Muster müssen Sie mit einem dritten Maschenglied arbeiten. Um dieses zu finden, schauen Sie hinter das hintere Maschenglied auf der Rückseite der Masche. Das dritte Maschenglied ist jene Schlinge, die direkt unter dem hinteren Maschenglied liegt.

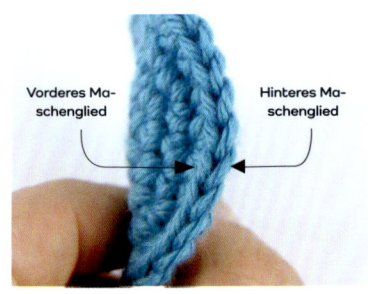

Vorderes Maschenglied — Hinteres Maschenglied

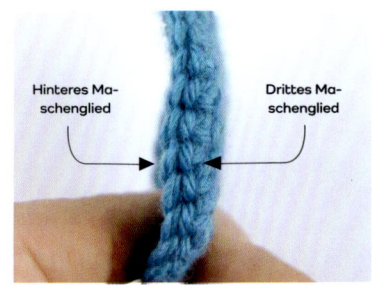

Hinteres Maschenglied — Drittes Maschenglied

ABKÜRZUNGEN

2 fM zus häkeln	2 feste Maschen zusammenhäkeln (1 Masche abgenommen)	hStb	halbes Stäbchen
		Km	Kettmasche
		Lm	Luftmasche
Bm	Büschelmasche	M	Masche(n)
DStb	Doppelstäbchen	Stb	Stäbchen
fM	feste Mache		

HÄKELSCHRIFT

 Fadenring

 Anfang

Ende

 Lm

 Km

 fM

 2 fM

 2 fM zus häkeln

 hStb

 Stb

 DStb

 Bm aus 3 Stb

 Bm aus 4 Stb

MASCHEN

VIELE HÄKELMUSTER UND -FORMEN ENTSTEHEN ERST DURCH DIE KOMBINATION VERSCHIEDENER HÄKELMASCHEN.

Diese wiederum sind genau genommen nichts anderes als miteinander verknotete Schlingen, wobei jede Maschenart eine andere Höhe hat. Kettmaschen sind am niedrigsten, darauf folgen Luftmaschen, feste Maschen, halbe Stäbchen, Stäbchen usw.

Die Maschen, die Sie zum Häkeln der Projekte aus diesem Buch benötigen, finden Sie auf den folgenden Seiten erklärt.

FADENRING

Machen Sie eine Schlinge in Ihr Garn und halten Sie sie zu, das Arbeitsende über Ihrem linken Zeigefinger. Mit der Häkelnadel in den Ring stechen und durch den Ring eine Schlinge hochziehen.

Einen Umschlag um die Nadel machen und eine Schlinge durch beide Schlingen auf der Nadel ziehen (1 fM gehäkelt). Weiterarbeiten, bis Sie die im Muster angegebene Anzahl an festen Maschen gehäkelt haben. Das Garnende nehmen und den Ring festziehen.

KETTMASCHE (KM)

Die Nadel in die Arbeit stechen, wo angegeben, Umschlag machen und das Garn durch die Masche und die Schlinge auf der Nadel ziehen, sodass eine Masche übrigbleibt.

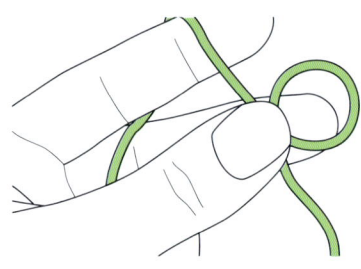

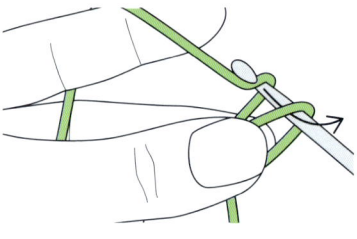

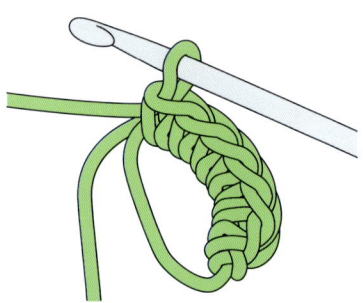

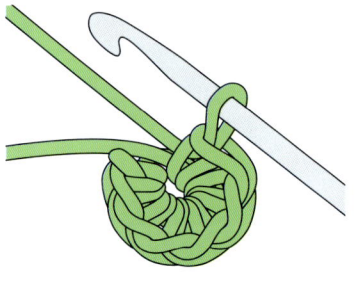

FESTE MASCHE (FM)

Die Nadel in die Arbeit stechen, wo angegeben, Umschlag um die Nadel machen und eine Schlinge hochziehen, Umschlag um die Nadel machen und das Garn durch beide Schlingen auf der Nadel ziehen, sodass eine Schlinge übrigbleibt.

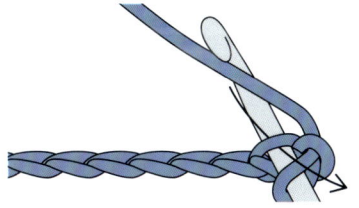

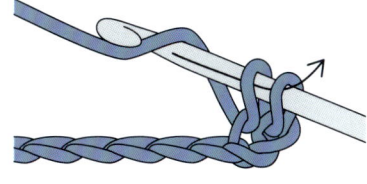

HALBES STÄBCHEN (HSTB)

Umschlag um die Nadel machen und die Nadel in die Arbeit stechen, wo angegeben, Umschlag um die Nadel machen und eine Schlinge hochziehen, Umschlag um die Nadel machen und das Garn durch alle drei Schlingen auf der Nadel ziehen, sodass eine Schlinge übrigbleibt.

STÄBCHEN (STB)

Umschlag um die Nadel machen und die Nadel in die Arbeit stechen, wo angegeben, Umschlag um die Nadel machen und eine Schlinge hochziehen. Umschlag um die Nadel machen und das Garn durch zwei Schlingen auf der Nadel ziehen, Umschlag um die Nadel machen und das Garn durch die restlichen zwei Schlingen ziehen, sodass eine Schlinge übrigbleibt.

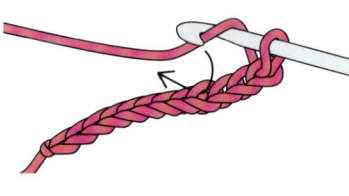

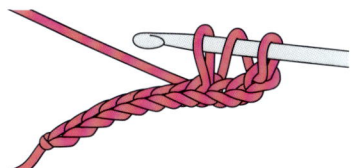

DOPPELSTÄBCHEN (DSTB)

Zweimal Umschlag um die Nadel machen und die Nadel in die Arbeit stechen, wo angegeben, Umschlag machen und eine Schlinge hochziehen. Umschlag um die Nadel machen und das Garn durch zwei Schlingen auf der Nadel ziehen, 2-mal wiederholen, sodass eine Schlinge übrigbleibt.

2 FESTE MASCHEN ZUSAMMENHÄKELN (2 FM ZUS HÄKELN)

Benutzen Sie diese Methode, um eine Masche abzunehmen.

Mit der Nadel ins vordere Maschenglied der nächsten zwei angegebenen Maschen stechen, Umschlag um die Nadel machen und das Garn durch diese zwei Schlingen ziehen (zwei Schlingen auf der Nadel). Umschlag um die Nadel machen und das Garn durch beide Schlingen ziehen.

KETTMASCHEN AUFHÄKELN

Die Nadel in die Arbeit stechen, wo angegeben, Umschlag um die Nadel machen und die Schlinge durch die Masche und die Schlinge auf der Nadel ziehen, sodass eine Schlinge übrigbleibt. Wiederholen und entlang einer Häkelreihe arbeiten, sodass die Kettmaschen auf der Oberfläche der bereits gehäkelten Arbeit zu liegen kommen.

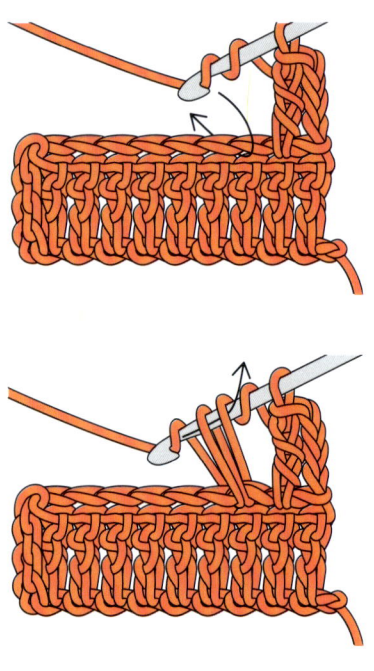

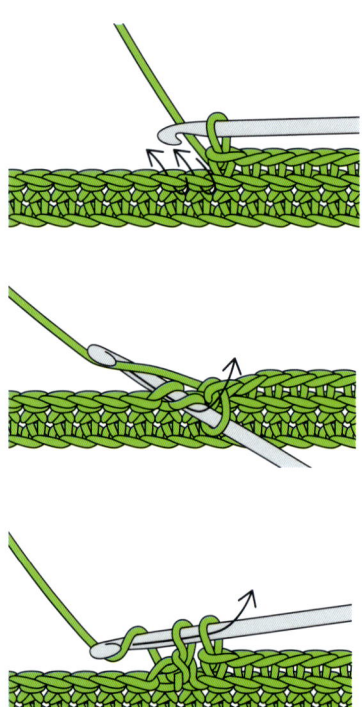

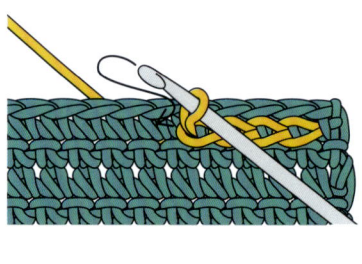

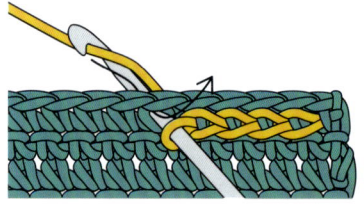

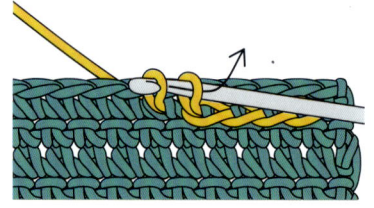

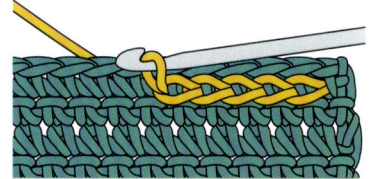

KREBSMASCHE

Die Krebsmasche wird genauso gearbeitet wie die normale feste Masche, nur dass Sie sie von links nach rechts anstatt von rechts nach links häkeln. Die Nadel in die Masche rechts der Nadel stechen, Umschlag um die Nadel machen und eine Schlinge hochziehen, Umschlag um die Nadel machen und das Garn durch beide Schlingen auf der Nadel ziehen, wie Sie es mit einer gewöhnlichen festen Masche machen würden.

Häkeln Sie auf diese Weise in jede Masche rechts der Nadel weiter.

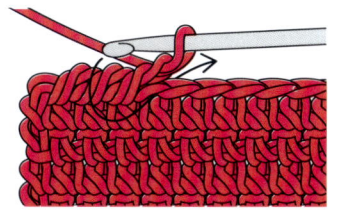

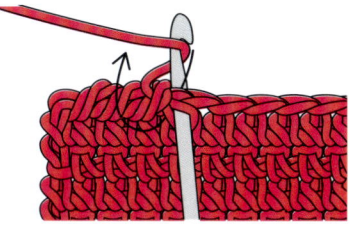

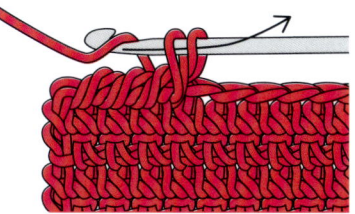

BÜSCHELMASCHE AUS 3 STÄBCHEN (BM AUS 3 STB)

Umschlag um die Nadel machen, die Nadel in die nächste Masche stechen, Umschlag um die Nadel machen und eine Schlinge hochziehen, Umschlag um die Nadel machen und das Garn durch zwei Schlingen ziehen, sodass die letzten zwei Schlingen auf der Nadel bleiben.

Umschlag um die Nadel machen, die Nadel in dieselbe Masche stechen, Umschlag um die Nadel machen und eine Schlinge hochziehen, Umschlag um die Nadel machen und das Garn durch zwei Schlingen auf der Nadel ziehen und die letzte Schlinge dieses Stäbchens auf der Nadel lassen (Sie haben nun 3 Schlingen auf der Nadel).

Umschlag um die Nadel machen, die Nadel in dieselbe Masche stechen, Umschlag um die Nadel machen und eine Schlinge hochziehen, Umschlag um die Nadel machen und das Garn durch zwei Schlingen auf der Nadel ziehen und die letzte Schlinge dieses Stäbchens auf der Nadel lassen (Sie haben nun 4 Schlingen auf der Nadel).

Umschlag um die Nadel machen und das Garn durch alle Schlingen auf der Nadel ziehen, um die Büschelmasche fertigzustellen.

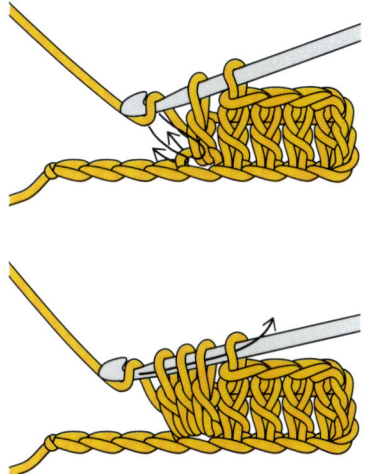

BÜSCHELMASCHE AUS 4 STÄBCHEN (BM AUS 4 STB)

Umschlag um die Nadel machen, die Nadel in die nächste Masche stechen, Umschlag um die Nadel machen und eine Schlinge hochziehen, Umschlag um die Nadel machen und das Garn durch zwei Schlingen ziehen, sodass die letzten zwei Schlingen auf der Nadel bleiben.
Umschlag um die Nadel machen, die Nadel in dieselbe Masche stechen, Umschlag um die Nadel machen und eine Schlinge hochziehen, Umschlag um die Nadel machen und das Garn durch zwei Schlingen auf der Nadel ziehen und die letzte Schlinge dieses Stäbchens auf der Nadel lassen (Sie haben nun 3 Schlingen auf der Nadel).
Umschlag um die Nadel machen, die Nadel in dieselbe Masche stechen, Umschlag um die Nadel machen und eine Schlinge hochziehen, Umschlag um die Nadel machen und das Garn durch zwei Schlingen auf der Nadel ziehen und die letzte Schlinge dieses Stäbchens auf der Nadel lassen (Sie haben nun 4 Schlingen auf der Nadel).
Umschlag um die Nadel machen, die Nadel in dieselbe Masche stechen, Umschlag um die Nadel machen und eine Schlinge hochziehen, Umschlag um die Nadel machen und das Garn durch zwei Schlingen auf der Nadel ziehen und die letzte Schlinge dieses Stäbchens auf der Nadel lassen (Sie haben nun 5 Schlingen auf der Nadel).
Umschlag um die Nadel machen und das Garn durch alle Schlingen auf der Nadel ziehen, um die Büschelmasche fertigzustellen.

LETZTE HANDGRIFFE

KANTEN NÄHEN

Die Ränder werden gerade zusammengenäht. Nehmen Sie einfach Ihre Arbeit, drücken Sie sie flach und nähen Sie die offenen Ränder zu (Foto 1). Die Anleitung wird Sie anweisen, ob Sie das Garn befestigen oder einen langen Faden stehenlassen sollen. Auf den Bildern wird der untere Rand eines Ohrs gezeigt (Foto 2).

DEN AUGEN MEHR SPANNUNG VERLEIHEN

Wenn Sie den Augen Spannung verleihen, wird der Kopf Form annehmen, aber damit dies geschieht, muss er zuerst gefüllt werden. Folgen Sie den untenstehenden Arbeitsschritten:

Fädeln Sie einen Faden in derselben Farbe wie der Kopf in eine Sticknadel und machen Sie am Ende einen Knoten.

Stechen Sie mit der Nadel in den Kopf und ziehen Sie sie da wieder heraus, wo eines der Augen sein soll. Stechen Sie die Nadel zurück in den Kopf, neben der Stelle, wo sie herausgekommen ist (Foto 3), und bringen Sie sie am Loch unten am Kopf wieder heraus (Foto 4). Denken Sie daran, dass die Position der Augen in jedem Muster angegeben wird.

Wiederholen Sie diesen Vorgang mit einem neuen Stück Garn für das andere Auge. Stecken Sie die Amigurumi-Sicherheitsaugen in den Kopf, wo Sie die Stiche gemacht haben (Foto 5).

Bringen Sie die beiden Garnstücke in Spannung, um die gewünschte Form zu erhalten. Binden Sie sie mit einem Knoten zusammen (Foto 6) und schneiden Sie die Garnenden ab.

Drücken Sie den Knoten mit Hilfe Ihrer Häkelnadel in den Kopf (Foto 7).

3

4

5

6

7

FINGER/ZEHEN

Suchen Sie mithilfe des Rundenbeginns auf der Rückseite des Arms/Beins die Mitte der Runde.

Verwenden Sie Garn in derselben Farbe, mit der Sie am Arm/Bein begonnen haben. Um einen Finger oder eine Zehe zu machen, fädeln Sie das Garn in die Sticknadel und stechen Sie sie in den Arm oder das Bein, sodass sie in der Mitte des Fadenrings herauskommt (Foto 8).

Stechen Sie die Nadel zurück durch den Arm oder das Bein, direkt unter der Runde des Farbwechsels und lassen Sie sie an derselben Stelle wieder herauskommen (Foto 9). Das Garn festziehen.

Wiederholen Sie diesen Vorgang, um weitere Stiche an dieselbe Stelle zu sticken (Foto 10).

Das Garn befestigen.

8

9

10

ZUSAMMENGESETZTE OHREN

Um ein zusammengesetztes Ohr her-
zustellen, häkeln Sie zwei Teile, indem
Sie den Anweisungen der Anleitung
folgen und das Garn von nur einem
Teil befestigen. (Foto 11).

Die beiden Teile mit den Rückseiten
aufeinander zusammenbringen
(Foto 12).

Stechen Sie die Häkelnadel wieder
zurück in die noch offene Masche
und durch die deckungsgleiche Masche des anderen Stücks (Foto 13)

und häkeln Sie eine fM. Nun je 1 fM
in jede Masche entlang der Kante
häkeln und in beide Teile arbeiten
(Foto 14).

Nun das Ohr unten zusammenfalten
(Foto 15) und mit ein paar Stichen fi-
xieren (Foto 16). Das Garn befestigen.

HAARE

Für die Haare schneiden Sie einige ca. 8 cm lange Garnstücke zu. Die Anzahl hängt von Ihrem Projekt ab.

Stechen Sie die Häkelnadel durch eine Masche am Kopf, schlingen Sie die Mitte des Garnstücks über die Nadel (Foto 1) und ziehen Sie es durch die Masche. Legen Sie beide Enden des Umschlags erneut um die Nadel (Foto 2) und ziehen Sie sie durch die Schlinge.

Nehmen Sie eine Sticknadel zu Hilfe und teilen Sie das Garn in seine Einzelfäden (Foto 3).

Wiederholen Sie diesen Vorgang für weitere Haare – im Muster wird angegeben, wo Sie sie platzieren sollen. Am Ende die Haare auf die gewünschte Länge zuschneiden.

ARME ZUNÄHEN UND AM KÖRPER ANBRINGEN

Wenn Sie den Arm fertiggehäkelt haben, füllen Sie ihn leicht mit Stofftierfüllung und fädeln Sie Garn in die Sticknadel. Drücken Sie oben den Arm zusammen, sodass er sich schließt, und nähen Sie ihn mit ein paar kleinen Stichen zu.

Verwenden Sie das Garnende und nähen Sie den Arm oben am Körper in der im Muster angegebenen Reihe an. Platzieren Sie ihn so, dass die flache Kante des Arms von vorn nach hinten verläuft.

BEINE AM KÖRPER ANBRINGEN

Wenn Sie die Beine gehäkelt haben, füllen Sie sie mit Stofftierfüllung.

Wenn Sie die Beine unten am Körper anbringen, drücken Sie sie nicht zusammen, sondern nähen Sie jedes Bein rundherum mit kleinen, sauberen Stichen an und verwenden Sie dazu das Garnende in der passenden Farbe.

Im Muster steht, wo Sie die Beine platzieren müssen.

ZUSAMMENSETZEN DER SCHNUFFELTÜCHER

Platzieren Sie den Kopf in der Mitte der Decke, sodass er zu einer der Ecken schaut, wenn die Decke nicht rund ist (Foto 4).

Heften Sie den Kopf mit Stecknadeln an die Decke (Foto 5).

4

5

Versehen Sie Ihre Sticknadel mit einem Faden und nähen Sie den Kopf fest an der Decke an (Foto 6).

Nähen Sie jeden Arm seitlich des Kopfes fest an der Decke an (Foto 7).

6

7

Alle Garnenden sauber befestigen.

ÜBER DIE AUTORIN

Hi, ich bin Carolina!

Ich lebe mit meinem Mann und meinen zwei Töchtern Clara und Alicia in einer schönen Stadt im Süden Spaniens. Ich arbeite als Krankenschwester und meine Leidenschaft ist das Häkeln. Meine Reise mit Häkelnadel und Faden war langsam, aber aufregend – schon sehr jung lernte ich von meiner Mutter und Großmutter die Grundfesten dieser wundervollen Welt. Nach und nach lernte ich Techniken und Muster und entwickelte dabei meinen eigenen, bunten und lustigen Stil.

Nachdem meine Tochter Clara geboren war, hatte ich Zeit zum Überlegen und dachte darüber nach, meine Muster zu verkaufen. Ich wollte meine Kreativität mit anderen teilen und einen Ansporn haben, neue Stofftiere und Charaktere zu entwickeln. Das war der Moment, in dem die „One and Two Company", mein kleiner Mustershop, das Licht der Welt erblickte.

Meine Töchter sind meine größte Inspirationsquelle. Clara ist superkreativ und lässt sich immer Geschichten voller unglaublicher Figuren einfallen. Meine kleine Alicia liebt alles, was ihre Mami macht. Sie spielt mit meinen Kreationen und erfüllt sie mit Leben, auch wenn sie sehr fordernd ist. Sie ist meine beste Qualitätskontrolle!

Es tut gut, an etwas arbeiten zu können, das ich liebe, und dabei zu sehen, wie auch andere Menschen weit, weit weg meine Kreationen häkeln und Freude an ihnen finden. Ich liebe es, zu sehen, wie die Ideen, die meinen Designs zugrundeliegen, zu Leben erwachen, wenn andere meine Muster häkeln.

DANKSAGUNGEN

Zuallererst möchte ich all jenen meinen riesigen Dank aussprechen, die meiner Arbeit von Anfang an Tag für Tag Vertrauen geschenkt haben, indem sie mich unterstützt haben und mir geholfen haben, voranzukommen. Ohne euch wären all meine Bemühungen sinnlos gewesen.

Ame Verso, danke, dass du bei diesem Buch an mich gedacht und an meine Arbeit geglaubt hast, und danke für all deine Zeit und Hilfe während dieses wundervollen Projekts.

Jeni Hennah, ich danke dir für all deine Hilfe beim Vorbereiten dieses Buchs, für dein Verständnis und deine Unterstützung.

Caroline Voaden, danke für das unentwegte Durchsehen von Anleitungen, Texten, Diagrammen … einfach allem!

Dank ergeht an Courtney Knorr-Warriner, Linda Woodthrope, Shannon Kishbaugh und Lisa Fox, meine Testerinnen, oder besser gesagt, meine Freundinnen, die mir immer helfen, indem sie meine Muster ausprobieren, mir Ideen liefern und ein grundlegender Teil meiner Arbeit sind.

Und ein besonderes Dankeschön an meine Familie, meine Eltern, die immer an mich geglaubt haben, meinen Mann, der mir immer Mut zuspricht und mir bei jedem Projekt hilft, und meinen Töchtern Clara und Alicia, die der beste Teil meines Lebens sind. Ihr seid die „One and Two Company". Ich liebe euch!

STICHWORTVERZEICHNIS

Umschlaggestaltung:
DSR – Werbeagentur Rypka, A-8143 Dobl/Graz

Titelbild: Jason Jenkins.

Bildnachweis: Jason Jenkins.

Titel der englischen Originalausgabe: Carolina Guzman
Benitez: Snuggle And Play. 40 Amigurumi Patterns for Lovely
Security Blankets and Matching Toys © Copyright 2017 by
F & W Media International, a subsidiary of F + W Media Inc.,
10151 Carver Road, Suite 200, Blue Ash, Ohio 45242.

Text und Design:
© Copyright 2017 by Carolina Guzman Benitez
Layout und Fotografie:
© F&W Media International, Ltd 2017, außer den Bildern
auf den Seiten 12–20, 83, 87, 116 und 122–126

Aus dem Englischen ins Deutsche übertragen
von Nina Schön.

BIBLIOGRAPHISCHE INFORMATION
DER DEUTSCHEN NATIONALBIBLIOTHEK

Die Deutsche Nationalbibliothek verzeichnet diese Publi-
kation in der Deutschen Nationalbibliographie; detaillierte
bibliographische Daten sind im Internet über http://dnb.d-nb.
de abrufbar.

AUF WUNSCH SENDEN WIR IHNEN GERNE KOSTENLOS
UNSER VERLAGSVERZEICHNIS ZU:

Leopold Stocker Verlag GmbH

Hofgasse 5 / Postfach 438

A-8011 Graz

Tel.: +43 (0)316/82 16 36

Fax: +43 (0)316/83 56 12

E-Mail: stocker-verlag@stocker-verlag.com

www.stocker-verlag.com

ISBN 978-3-7020-1684-5

Satz: DSR – Werbeagentur Rypka, A-8143 Dobl/Graz